Advanced French

The Step By Step Guide to Perfecting Your Grammar, Speaking, and Comprehension Skills

© Copyright 2023 - All rights reserved.

The content contained within this book may not be reproduced, duplicated, or transmitted without direct written permission from the author or the publisher.

Under no circumstances will any blame or legal responsibility be held against the publisher, or author, for any damages, reparation, or monetary loss due to the information contained within this book, either directly or indirectly.

Legal Notice:

This book is copyright protected. It is only for personal use. You cannot amend, distribute, sell, use, quote, or paraphrase any part, or the content within this book, without the consent of the author or publisher.

Disclaimer Notice:

Please note the information contained within this document is for educational and entertainment purposes only. All effort has been executed to present accurate, up-to-date, reliable, and complete information. No warranties of any kind are declared or implied. Readers acknowledge that the author is not engaging in the rendering of legal, financial, medical, or professional advice. The content within this book has been derived from various sources. Please consult a licensed professional before attempting any techniques outlined in this book.

By reading this document, the reader agrees that under no circumstances is the author responsible for any losses, direct or indirect, that are incurred as a result of the use of the information contained within this document, including, but not limited to, errors, omissions, or inaccuracies.

Free Bonuses from Raoul Dumont

Hi French Learners!

My name is Raoul Dumont, and first off, I want to THANK YOU for reading my book.

Now you have a chance to join my exclusive French language learning email list so you can get the ebooks below for free as well as the potential to get more French books for free! Simply click the link below to join.

P.S. Remember that it's 100% free to join the list.

Access your free bonuses here
https://livetolearn.lpages.co/advanced-french-paperback/

Table of Contents

INTRODUCTION 1
CHAPTER 1: ARE YOU A MASTER OF MAIN CONCEPTS? 3
CHAPTER 2: READING STRATEGIES FOR THE ADVANCED LEARNER 16
CHAPTER 3: FIRST CONJUGATIONS 20
CHAPTER 4: SECOND CONJUGATIONS 38
CHAPTER 5: THIRD CONJUGATIONS 46
CHAPTER 6: SPEAKING, SPEAKING, SPEAKING... 57
CHAPTER 7: REFLEXIVE VERBS 65
CHAPTER 8: GERUNDS AND INFINITIVES 76
CHAPTER 9: THE PASSIVE AND THE CONDITIONAL 85
CHAPTER 10: FROM DIRECT TO INDIRECT SPEECH 94
CHAPTER 11: PHRASAL VERBS AND OTHER USEFUL IDIOMS 102
CHAPTER 12: FORMAL WRITING 118
ANSWER KEY 142
HERE'S ANOTHER BOOK BY LINGO PUBLISHING THAT YOU MIGHT LIKE 164
FREE BONUSES FROM RAOUL DUMONT 165

Introduction

Si tu as décidé d'améliorer ton français ou de carrément apprendre cette langue cette année, tu as le bon livre entre tes mains. Ce livre te permettra non seulement de parfaire ta grammaire, mais aussi ta conjugaison et ton orthographe. Grâce à la théorie, le français n'aura plus de secrets pour toi!

Bien évidemment, il y aussi pleins d'exercices inclus pour que tu apprennes de nouveaux mots de vocabulaire, pour que tu entraînes ta lecture et ton oral.

Dans ce livre, tu découvriras pas à pas des sujets d'actualités et des faits historiques ou culturels à propos de la France. Ce livre te servira donc aussi de guide pour comprendre un peu mieux la culture et les traditions de ce pays.

Maintenant, comme tu le sais peut-être déjà, dans cette série de livres sur l'apprentissage de la langue française, nous essayons toujours de mettre en avant l'histoire d'un ou plusieurs personnages. Cette fois-ci, nous avons envie de te présenter Emmy qui vient faire un PVT (permis vacances travail) en France pendant un an. Elle vient de Nouvelle-Zélande et se réjouit d'apprendre le français et de te raconter ses aventures!

Alors, tu es prêt à te lancer? C'est parti!

If you have decided to improve your French or learn the language this year, you have the right book to do so! This book will help you to improve not only your grammar - but also your conjugation and spelling. Thanks to the theory included in this book, French will no longer hold any secrets for you!

Of course, there are also lots of exercises to learn new vocabulary and practice your reading and speaking skills.

In this book, you will discover many historical or cultural facts about France. This book will also serve as a guide to help you understand the varied traditions of this country.

As you may already know, in this series of books about learning the French language, we always try to put forward the story of one or more characters. This time, we want to introduce you to Emmy, who is coming to France for a year on a WHV (working holiday visa). She comes from New Zealand and is looking forward to learning French and telling you about her adventures!

So, are you ready to go? Let's get started!

Chapter 1: Are You a Master of Main Concepts?

Avant de venir en France, Emmy avait étudié le français à l'école. Elle a donc déjà quelques bases et elle souhaite tester tes connaissances par le biais d'un quiz. Grâce à ce quiz tu pourras analyser ton niveau et voir où tu as encore des difficultés. Ce livre est un livre intermédiaire au niveau B1 à B2 alors pour t'y attaquer, tu devras, toi aussi, déjà avoir quelques bases en français.

Before coming to France, Emmy studied French at school. She already has some basic knowledge and wants to test your knowledge with a quiz. This quiz will help you analyze your level and see where you still struggle. This book is an intermediate book at B1 to B2 level, so you will need to have some basic knowledge of French to tackle it.

Historical and cultural background of the French language

La France est un pays qui possède une culture très riche. De par les différentes guerres que tu as probablement pu étudier à l'école, les colonisations et la religion, la France a aussi une histoire complexe. Au fil des différents chapitres, tu découvriras quelques faits sur l'histoire de la France mais dans ce chapitre, nous allons d'abord nous concentrer sur l'histoire de la langue.

Le français est une langue romane qui est parlée dans plusieurs pays comme la France, la Suisse, la Belgique, le Luxembourg, le Canada et dans beaucoup de pays d'Afrique de par la colonisation comme le Sénégal, le Maroc ou l'Algérie. Cette langue provient du latin et a beaucoup évolué au fil des siècles. En passant du latin vulgaire, au gallo-roman, ce sont bien grâce à ces langues que le français d'aujourd'hui est devenu ce qu'il est.

Selon certaines statistiques, le français serait la 5ème langue la plus parlée au monde, après l'anglais, le mandarin, l'espagnol et l'hindi.

France is a country with a very rich culture. From the different wars you probably studied at school to colonization and religion, France also has a complex history. In the different chapters, you will discover some facts about the history of France, but in this chapter, we will first focus on the history of *the language*.

French is a romantic language that is spoken in several countries, such as France, Switzerland, Belgium, Luxembourg, and Canada – and in many African countries due to colonization, such as Senegal, Morocco, or Algeria. This language comes from Latin and has evolved a lot over the centuries. From Vulgar Latin to Gallo-Romanic, it is thanks to these languages that today's French has become what it is.

According to some statistics, French is the 5th most spoken language in the world, after English, Mandarin, Spanish, and Hindi.

Quiz: Are You an Advanced Speaker?

Ce quiz nous servira de base pour évaluer ton niveau de la langue française. Il est important que tu fasses ce quiz calmement en réfléchissant bien à tout ce que tu connais déjà. Ce n'est bien évidemment pas grave si tu fais des erreurs car nous sommes là pour apprendre. Elles te permettront simplement de te montrer où est-ce que tu dois concentrer ton apprentissage. Bonne chance!

This quiz will serve as a basis for assessing your level of French. It is important that you take this quiz calmly and think about everything you already know. It is, of course, okay if you make mistakes because we are here to learn. They will simply show you where you should focus your learning. Good luck!

Quiz - Exercise 1 - Vocabulary

Traduis les mots du tableau en français ou en anglais.
Translate the words in the table into French or English.

Français	English
	The dog
	The bird
Le cheval	
Le poisson	
	The sun
	The rain
La météo	
Le nuage	
	The cheese
	The meal
Le pain	
Le gâteau	
	The bathroom
	The living room
La chambre à coucher	

Le jardin	
	The nurse
	The lawyer
Le boulanger, la boulangère	
Le docteur, la doctoresse	
	The shoe
	The dress
Le pantalon	
La jupe	
	The city
	The village
Le pays	
Le continent	
	The train station
	The bus
La voiture	
Le vélo	

Quiz - Exercise 2 - Conjugation

Conjugue les verbes « être » et « avoir » à l'indicatif présent, imparfait et futur simple.

Conjugate the verbs "to be" and "to have" in the present, imperfect, and future simple tense.

Être - to be			
Personnes	Présent	Imparfait	Futur simple
Je / J'			
Tu			
Il / elle / on			
Nous			
Vous			
Ils / elles			

Avoir - to have			
Personnes	Présent	Imparfait	Futur simple
Je / J'			
Tu			
Il / elle / on			
Nous			

Vous			
Ils / elles			

Quiz – Exercise 3 – To make a sentence

Mets les mots dans le bon ordre pour former une phrase correcte.

Put the words in the right order to form a correct sentence.

1. a pris / pour / Emmy / en / venir / l'avion / France.

_____

2. le / l'école. / français / Elle / a appris / à

_____

3. travailler. / France / voyager / et / Elle / en / vient / pour

_____

4. se faire / d'amis. / Elle / espère / pleins

_____

5. Elle / cette / de / aventure. / nouvelle / se réjouit

_____

Quiz - Exercise 4 - Plural form

Écris les mots ci-dessous au pluriel.
Write the words below in plural form.

Singulier -singular	Pluriel - plural
Le bateau	
L'appartement	
Le jeu	
Le journal	
Le clou	
La montagne	
Le cours	
Le château	
La bière	
La fromagère	

Quiz - Exercise 5 - To ask questions

Pose des questions à Emmy.
Ask Emmy some questions.
1. Demande-lui quel âge elle a.
2. Demande-lui où elle habite.
3. Demande-lui ce qu'elle va faire en France.
4. Demande-lui si elle a des frères et sœurs.
5. Demande-lui quelle(s) langue(s) elle parle.

Quiz – Exercise 6 – The negative form

Écris les phrases ci-dessous à la forme négative.

Write the sentences below in the negative form.

1. Emmy aime le chocolat.
2. Il fait beau aujourd'hui.
3. J'aimerais aller au cinéma.
4. Emmy dépense beaucoup d'argent.
5. Emmy est égoïste.

Quiz – Exercise 7 – Conjugation of common verbs

Conjugue les verbes ci-dessous à la bonne personne et avec le bon temps verbal.

Conjugate the verbs below in the right person and with the right verb tense.

Verbes	Ta conjugaison
Chanter, présent, 1ère pers. sing.	
Jouer, futur, 1ère pers. plur.	
Manger, imparfait, 3ème pers. sing.	
Finir, présent, 2ème pers. sing	
Bouger, futur, 3ème pers. plur.	
Écrire, présent, 1ère pers. sing.	
Parler, imparfait, 2ème pers. plur.	

Quiz – Exercise 8 – Reading comprehension

Lis le texte en français et réponds aux questions ci-dessous par vrai ou faux. Une traduction du texte se trouve dans la partie « Answer Key » si tu as besoin d'aide.

Read the text in French and answer the questions below by true or false. There is a translation of the text in the "Answer Key" section if you need help.

Texte :

Emmy vient de Nouvelle-Zélande. Elle a grandi avec ses parents et son petit frère dans une ville appelée Gisborne. Cette ville se trouve sur l'île du nord, au bord de l'Océan Pacifique. Le pays est composé de deux îles principales, l'île du nord et l'île du sud. La plus peuplée est celle où a grandi Emmy et son frère.

Pendant son voyage, elle sait que sa famille lui manquera beaucoup mais elle rêvait de découvrir la France, sa culture et ses paysages. Elle se réjouit beaucoup de faire son PVT là-bas et de découvrir tout ce que la France a à lui offrir. Elle espère trouver un travail dans la région de Biarritz pour pouvoir surfer après avoir travaillé toute la journée. Elle est très douée dans ce sport et souhaite continuer à le pratiquer.

Questions – answer True or False:

1. Emmy a un frère cadet.
2. L'île du sud possède plus d'habitants que celle du nord.
3. Emmy ne sait pas surfer.
4. Sa ville natale se trouve au bord d'un océan.
5. Elle va en France pour travailler uniquement.

Quiz – exercise 9 – Writing

Rédige une description de 5 phrases sur un membre de ta famille.

Write a 5 sentence description of a member of your family.

_____
_____
_____
_____

_____

_____

_____

_____

Les réponses du quiz se trouvent dans la partie « Answer Key » aux page 112.

The answers to the quiz can be found in the "Answer Key" section on page 112.

Phonetic alphabet

Afin de t'aider tout au long de ce livre, Emmy te partage l'alphabet phonétique pour que tu puisses t'y référer dans le cas où tu ne sais pas comment prononcer une lettre.

In order to help you through this book, Emmy shares the phonetic alphabet for you to refer to in case you do not know how to pronounce a letter.

Lettres	Phonetic pronunciation	Pronunciation with samples of English words or nouns
A	/ɑ/	Avocado
B	/be/	Bee
C	/se/	Celery
D	/de/	Debit
E	/ə/	Earth
F	/ɛf/	Fish
G	/ʒe/	General
H	/aʃ/	Ash
I	/i/	Live
J	/ʒi/	Jill
K	/kɑ/	Kaki

L	/ɛl/	Elephant
M	/ɛm/	Marvelous
N	/ɛn/	Name
O	/o/	Olive
P	/pe/	Pedestrian
Q	/ky/	Queue
R	/ɛʁ/	Rumor
S	/ɛs/	Especially
T	/te/	Technology
U	/y/	Uranus
V	/ve/	Vein
W	/dublə ve/	Wagon
X	/iks/	To fix
Y	/igʁɛk/	Yacht
Z	/zɛd/	Zebra

Tips and Tricks

Félicitations, tu as maintenant terminé le quiz initial afin d'évaluer ton niveau. Tu es prêt à continuer ton apprentissage de la langue française? Alors, c'est parti!

Mais avant tout, Emmy souhaite te donner quelques conseils pour que tu puisses apprendre cette nouvelle langue dans les meilleures conditions possibles. Voici sa liste de conseils:

1. Fais-toi des cartes de vocabulaire et révises-les régulièrement.
2. Regarde des films en français avec les sous-titres.
3. Ecoute de la musique française et essaie de comprendre les paroles.
4. Rencontre de nouvelles personnes et essaie de parler en français avec elles.
5. Ne te mets surtout pas de pression car chacun apprend à son rythme et le tien est celui qui te correspond.

Congratulations, you have now completed the initial quiz to assess your level. Are you ready to continue learning French? Then let's get started!

But first, Emmy would like to give you some tips on how to learn this new language in the best possible conditions. Here is her list of tips:

1. Make flashcards and review them regularly.
2. Watch French movies with subtitles.
3. Listen to French music and try to understand the lyrics.
4. Meet new people and try to speak French with them.
5. Do not put pressure on yourself because everyone learns at their own pace, and yours is the one that suits you.

Chapter 2: Reading Strategies for the Advanced Learner

Dans ce chapitre, Emmy te donnera un exercice de lecture et des conseils afin que tu puisses t'améliorer. Ce chapitre est particulièrement important car tu auras des textes à lire tout au long de ce livre.

In this chapter, Emmy will give you a reading exercise and tips to help you to improve your reading skills. This chapter is particularly important because you will have texts to read throughout the book.

Reading strategies

Emmy a plusieurs astuces pour faciliter la lecture d'un texte ou pour améliorer ses compétences. N'hésite pas à les utiliser toi aussi!

Emmy has a number of tips on how to make reading a text easier or how to improve your skills. Do not hesitate to use them too!

1. Ecris les mots que tu ne comprends pas sur une carte de vocabulaire.

    Write the words you do not understand on a flashcard.

2. Surligne en couleur les principaux mots du texte.

    Highlight in color the main words in the text.

3. N'essaie pas de comprendre chaque mot mais plutôt le sens principal de la phrase.

Do not try to understand each word but rather the main meaning of the sentence.
4. Relis le texte plusieurs fois si nécessaire.
   Reread the text several times if necessary.
5. Lis le texte à haute voix si cela peut t'aider.
   Read the text aloud if it helps.
6. Décompose la phrase en plusieurs parties si elle est longue.
   Cut the sentence into parts if it is a long one.
7. Cherche des synonymes ou des antonymes.
   Look for synonyms or antonyms.

Reading comprehension 1

Lis le texte ci-dessous en utilisant les techniques que t'as données Emmy.

Read the text below using the techniques Emmy has given you.

Emmy pratique **plusieurs** sports. Elle fait **principalement** de la natation, du surf et du kitesurf. Comme elle **a grandi** au bord de l'océan, c'était pour elle normal d'aller faire un de ces sports après l'école.

Elle a d'abord appris à **nager** dans le club de sa ville et elle a même fait de la **compétition**. Maintenant, elle pratique encore la natation pour le **plaisir** mais plus pour gagner des concours. Ce qu'elle préfère par-dessus tout, c'est surfer sur des grandes **vagues**. **D'ailleurs**, maintenant qu'elle est en France, elle espère trouver un travail au bord de la plage pour pouvoir faire du surf ou kitesurf après le **boulot**. Pour **se détendre**, ça lui arrive aussi de faire du paddle mais pour ce sport, il vaut mieux le pratiquer dans un lac ou sur une surface d'eau **plutôt** calme.

Translation of the reading comprehension 1

Emmy does several sports. She mainly swims, surfs, and kitesurfs. As she grew up by the ocean, it was normal for her to go and do one of these sports after school.

She first learned to swim in her local club and even competed. Now she still swims for fun but not to win competitions. Her favorite thing is surfing big waves. Besides, now that she is in France, she hopes to find a job by the beach so she can surf or kitesurf after work. To relax, she also sometimes paddles, but for this sport, it is better to practice it in a lake or on a rather calm water surface.

Vocabulary list 1

Emmy a surligné quelques mots dans le texte qu'elle trouve important que tu apprennes. Si tu ne les connais pas déjà, fais-toi des cartes et répètes-les régulièrement.

Emmy has highlighted some words in the text that she thinks are important for you to learn. If you do not already know them, make flashcards and review them regularly.

Français	English
Plusieurs	Several
Principalement	Mainly
Grandir	To grow up
Nager	To swim
La compétition	The competition
Le plaisir	The fun
La vague	The wave
D'ailleurs	Besides
Le boulot / le travail	The work
Se détendre	To relax
Plutôt	Rather

Questions to reading comprehension 1

Réponds aux questions ci-dessous.

Answer the questions below.

1. Surligne dans le texte ou écris ci-dessous tous les sports qu'Emmy pratique.
2. Trouve un synonyme dans le texte de "se reposer".
3. Trouve un synonyme dans le texte de "travail".
4. Quel serait le lieu de travail idéal pour elle?
5. Choisis le meilleur titre parmi les 4 choix ci-dessous:

    Titre 1: Les sports d'hiver

    Titre 2: Faire du sport en compétition

    Titre 3: Les sports nautiques

    Titre 4: Il n'y a rien de mieux que la natation

Les réponses se trouvent dans la partie « Answer Key » à la page 116.

The answers can be found in the "Answer Key" section on page 116.

Chapter 3: First Conjugations

Comme tu le sais déjà, la conjugaison est l'une des parties les plus difficiles en grammaire française. Pour t'aider, Emmy a partagé ce thème en 3 chapitres différents pour que tu puisses te concentrer sur chaque type de conjugaison. La conjugaison est la clé pour améliorer ton niveau afin de passer de débutant à avancé. N'hésites pas à revoir plusieurs fois la grammaire et les exercices de ce chapitre pour le maitriser.

As you already know, conjugation is one of the most difficult parts of French grammar. To help you, Emmy has divided this topic into 3 different chapters so that you can focus on each type of conjugation. Conjugation is the key to improving your level from beginner to advanced. Do not hesitate to go over the grammar and exercises in this chapter several times to master it.

Properties of verbs from the 1st group

Dans cette 1ère partie, nous allons nous concentrer sur les verbes appartenant au 1er groupe. Les verbes du 1er groupe se terminent tous en **-er**. Les verbes de ce groupe sont des verbes réguliers. C'est-à-dire qu'ils se conjuguent tous de la même manière.

In this first part, we will focus on verbs belonging to the 1st group. The verbs of the 1st group all end in -er. The verbs in this group are regular verbs. This means that they are all conjugated in the same way.

Par exemple / for example:

Manger = to eat
Danser = to dance
Chanter = to sing
Jouer = to play
Parler = to speak

Singular, plural & persons

Les verbes se conjuguent en fonction de la personne, qu'elle soit au singulier ou au pluriel. Les personnes du singulier sont: je, tu. il, elle, on. Les personnes du pluriel sont: nous, vous, ils, elles.

Verbs are conjugated according to the person, whether singular or plural. The singular persons are I, *you, he, she, and it.* The plural persons are *we, you, and they.*

Exemple de conjugaison au présent / Example of conjugation in the present tense:

Étudier – to study		
Personnes	**Conjugaison**	**Translation**
J'	étudi**e**	I study
Tu	étudi**es**	You study
Il, elle, on	étudi**e**	He / she / it studies
Nous	étudi**ons**	We study
Vous	étudi**ez**	You study
Ils, elles	étudi**ent**	They study

Aspects

En français, tout comme en anglais, on utilise différents aspects pour comprendre le sens d'une phrase. Généralement, l'aspect est lié au verbe. Il y a deux aspects principaux à connaître: perfectif et imperfectif.

Le perfectif est l'aspect qui détermine que l'action est claire ou qu'elle est terminée. On l'appelle aussi l'aspect <u>accompli</u>.

L'imperfectif est son contraire. Cet aspect détermine une action incertaine, une habitude, une action en cours ou simplement une action non terminée. On l'appelle aussi l'aspect <u>non accompli</u>.

In French, as in English, different aspects are used to understand the meaning of a sentence. Generally, the aspect is linked to the verb. There are two main aspects to know: perfective and imperfective.

The perfective is the aspect that determines that the action is clear or that it is finished. (In French, it is called the <u>accomplished aspect</u>.

The imperfective is its opposite. This aspect determines an uncertain action, a habit, an action in progress, or simply an unfinished action. In French, it is called the <u>not accomplished aspect</u>.

Par exemple / for example:

Emmy est allée surfer cet après-midi. = perfectif / Emmy went surfing this afternoon. = perfective

Habituellement, Emmy surfe tous les après-midi. = imperfectif / Emmy usually surfs every afternoon. = imperfective

Emmy a fini de réviser son vocabulaire de français. = perfectif / Emmy has finished revising her French vocabulary. = perfective

Emmy est en train de réviser son vocabulaire de français. = imperfectif / Emmy is revising her French vocabulary. = imperfective

En dehors des deux aspects principaux, on en retrouve encore deux autres : l'aspect habituel et l'aspect imparfait.

Comme son nom l'indique, l'aspect habituel exprime une habitude, une routine. Quand on exprime cet aspect, on utilise toujours l'indicatif présent.

Apart from the two main aspects, there are two others: the habitual aspect and the imperfect aspect.

As the name suggests, the habitual aspect expresses a habit, a routine. When we express this aspect, we always use the present tense.

Par exemple / for example :

Emmy boit un thé tous les matins. = aspect habituel / Emmy drinks tea every morning. = habitual aspect

Emmy prend sa douche tous les jours. = aspect habituel / Emmy takes a shower every day. = habitual aspect

Finalement, le dernier aspect s'appelle l'aspect imparfait. À noter que malgré son nom « imparfait » cela ne veut pas forcément dire qu'il sera conjugué à l'indicatif imparfait. Le nom « imparfait » est plutôt utilisé pour exprimer le contraire de « parfait ». En d'autres termes, l'aspect imparfait démontre une action qui n'est pas finie, autant dans le passé, le présent ou le futur.

Ce même aspect peut aussi démontrer une action terminée qui s'est déroulée pendant une période de temps dans le passé. Dans ce cas-là, le verbe sera conjugué au passé : à l'indicatif imparfait.

Finally, the last aspect is called the imperfect aspect. Note that despite its name, "imperfect," it does not necessarily mean that it will be conjugated in the imperfect tense. Instead, the term "imperfect" expresses the opposite of "perfect." In other words, the imperfect aspect shows an action that is not finished, whether in the past, present, or future.

The same aspect can also show a finished action that took place during a period of time in the past. In this case, the verb will be conjugated in the past tense: in the imperfect tense.

Par exemple / for example :

Je travaillais en tant qu'infirmière pendant la guerre. = aspect imparfait / I worked as a nurse during the war. = imperfect aspect

Bien que tous les aspects ont leur rôle à jouer dans la langue française, il est important que tu retiennes les deux principaux, le perfectif et l'imperfectif. Tu dois savoir les utiliser et les reconnaître dans toutes les situations. Quant aux deux autres aspects, il est important que tu les aies vu une fois mais ils ne sont pas utilisés au quotidien. Alors, concentres-toi d'abord sur les deux premiers et dès que tu te sens à l'aise, tu pourras t'attaquer aux deux autres.

Although all aspects have their role in the French language, you must remember the two main ones, the perfective, and the imperfective. You need to know how to use and recognize them in all situations. As for the other two aspects, it is crucial that you have seen them once, but they are not used in everyday life. So you need to focus on the two first aspects, and as soon as you feel comfortable, you can tackle the other two.

Voices

Les voix actives et passives affectent elles-aussi le verbe. Lorsqu'une phrase est à la voix active, c'est le sujet qui effectue l'action. Par contre, quand la phrase est à la voix passive, c'est le complément d'objet direct qui effectue l'action.

La forme active est la forme de base que tu utilises tous les jours. C'est celle qui est composé comme ceci: sujet + verbe + complément d'objet. Pour la forme passive, elle t'a prévu un chapitre entier à ce sujet donc elle ne va pas t'en dire plus pour l'instant.

Active and passive voices also affect the verb. When a sentence is in the **active voice**, the *subject performs* the action. Conversely, in a sentence in the **passive voice**, the *direct object complement* (noun, pronoun, or word group that tells who or what **receives** the action) is being acted upon.

The active form is the basic form that you use every day. It is the one that is composed like this: subject + verb + object complement. For the passive form, Emmy has planned a whole chapter, so we'll leave that discussion for later.

Par exemple / for example:

Emmy mange la pomme. = voix active / Emmy eats the apple. = active voice

La pomme est mangée par Emmy. = voix passive / The apple is eaten by Emmy. = passive voice

Mood & tenses

La langue française comprend 4 modes verbaux, 8 temps verbaux simple et 8 temps verbaux composés. Cela fait d'elle une langue particulièrement complexe. Pas de panique, grâce à Emmy, toi aussi tu vas maitriser les verbes du 1er groupe.

Le mode verbal donne une indication sur l'action (si elle est terminée ou non). On peut se poser la question si l'action est terminée, réelle, subjective ou soumise à une condition.

Le temps verbal utilisé pour conjuguer le verbe donne une indication sur le temps. On peut se poser la question si l'action a été effectuée dans le passé, le présent ou dans le futur.

The French language has 4 verbal modes, 8 simple verbal tenses, and 8 compound verbal tenses. This makes it a particularly complex language. Do not panic; thanks to Emmy, you, too, will master the first group of verbs.

The verbal mode gives an indication of the action (whether it is completed or not). The question can be asked whether the action is completed, real, subjective, or conditional.

The verb tense used to conjugate the verb gives an indication of the time. One can ask whether the action was performed in the past, present, or future.

Indicative

L'indicatif comprend à lui seul 8 temps verbaux: le présent, l'imparfait, le futur, le passé simple, le passé composé, le plus-que-parfait, le futur antérieur et le passé antérieur.

The indicative tense alone includes 8 verb tenses: present, imperfect, future, past simple, past compound, past perfect, future anterior, and past anterior.

Crier - to yell							
Les temps simples				Les temps composés			
Présent	Imparfait	Futur	Passé simple	Passé composé	Plus-que-parfait	Futur antérieur	Passé antérieur
Je crie	Je criais	Je crierai	Je criai	J'ai crié	J'avais crié	J'aurai crié	J'eus crié
Tu cries	Tu criais	Tu crieras	Tu crias	Tu as crié	Tu avais crié	Tu auras crié	Tu eus crié
Il crie	Il criait	Il criera	Il cria	Il a crié	Il avait crié	Il aura crié	Il eut crié

Nous crions	Nous criions	Nous crierons	Nous criâmes	Nous avons crié	Nous avions crié	Nous aurons crié	Nous eûmes cries
Vous criez	Vous criiez	Vous crierez	Vous criâtes	Vous avez crié	Vous aviez crié	Vous aurez crié	Vous eûtes crié
Ils crient	Ils criaient	Ils crieront	Ils crièrent	Ils ont crié	Ils avaient crié	Ils auront crié	Ils eurent crié

Crier – to yell – English translation

Simple tenses				Compound tenses			
Present	Imperfect	Future	Past simple	Present perfect	Pluperfect	Future past	Past perfect
I yell	I yelled	I will yell	I yelled	I have yelled	I had yelled	I will have yelled	I had yelled
You yell	You yelled	You will yell	You yelled	You have yelled	You had yelled	You will have yelled	You had yelled
He yells	He yelled	He will yell	He yelled	He has yelled	He had yelled	He will have yelled	He had yelled
We yell	We yelled	We will yell	We yelled	We have yelled	We had yelled	We will have yelled	We had yelled
You yell	You yelled	You will yell	You yelled	You have yelled	You had yelled	You will have yelled	You had yelled
They yell	They yelled	They will yell	They yelled	They have yelled	They had yelled	They will have yelled	They had yelled

Conditional

Le conditionnel est un mode utilisé pour exprimer un souhait ou une hypothèse. Il peut aussi être utilisé dans une phrase pour poser une condition. Ce mode comprend 2 temps verbaux: le présent et le passé. Généralement, pour ne pas le confondre avec l'indicatif présent, on précise toujours « conditionnel » avant de dire « présent ».

The conditional is a mode used to express a wish or a hypothesis. It can also be used in a sentence to make a condition. This mode includes 2 verbal tenses: the present and the past. Generally, to avoid confusing it with the present indicative, we always specify "conditional" before saying "present."

Discuter - to discuss	
Le temps simple	Le temps composé
(Conditionnel) présent	(Conditionnel) passé
Je discuterais	J'aurais discuté
Tu discuterais	Tu aurais discuté
Il discuterait	Il aurait discuté
Nous discuterions	Nous aurions discuté
Vous discuteriez	Vous auriez discuté
Ils discuteraient	Ils auraient discuté

Discuter – to discuss – English translation	
Simple tense	Compound tense
The present conditional	The past conditional
I would discuss	I would have discussed
You would discuss	You would have discussed
He would discuss	He would have discussed
We would discuss	We would have discussed
You would discuss	You would have discussed
They would discuss	They would have discussed

Subjunctive

Le subjonctif est un mode qu'on utilise principalement dans les propositions subordonnées. Ce mode sert à exprimer une hypothèse, une possibilité, un conseil, un doute ou encore un souhait. Ce mode comprend 4 temps verbaux mais uniquement 2 sont encore utilisés dans le langage courant. Il n'est donc pas nécessaire d'apprendre les 2 autres qui sont utilisé dans un français plutôt ancien.

Les verbes conjugués au subjonctif prennent toujours un « que » devant le pronom.

The subjunctive is a mode used mainly in subordination. This mode expresses a hypothesis, a possibility, advice, a doubt, or a wish. There are 4 tenses in this mode, but only 2 are still used in everyday language. It is, therefore, not necessary to learn the other two, which are used in rather old French.

Verbs conjugated in the subjunctive always take a "that" before the pronoun.

Dessiner – to draw	
Le temps simple	Le temps composé
(Subjonctif) présent	(Subjonctif) passé
Que je dessine	Que j'aie dessiné
Que tu dessines	Que tu aies dessiné
Qu'il dessine	Qu'il ait dessiné
Que nous dessinions	Que nous ayons dessiné
Que vous dessiniez	Que vous ayez dessiné
Qu'ils dessinent	Qu'ils aient dessiné

Dessiner – to draw – English translation	
Simple tense	Compound tense
The present subjunctive	The past subjunctive
That I draw	That I have drawn
That you draw	That you have drawn
That he draws	That he has drawn
That we draws	That we have drawn
That you draw	That you have drawn
That they draw	That they have drawn

Imperative

L'impératif est un mode verbal utilisé pour exprimer un ordre, une obligation ou un conseil. Il possède 2 temps verbaux: le présent et le passé. Dans la vie courante, il y a uniquement l'impératif présent qui est utilisé.

Ces 2 temps verbaux sont composés d'uniquement 3 personnes: tu, nous, vous. En effet, un ordre peut être donné à une personne en la désignant par « tu/toi », à un groupe de personne en s'incluant dedans en le désignant par « nous » et à un groupe de personnes en s'excluant en le désignant par « vous ».

The imperative is a verbal mode used to express an order, obligation, or advice. It has two tenses: present and past. In everyday life, only the present imperative is used.

These two verb tenses are composed of only three persons: you (singular), we, and you (plural). In fact, an order can be given to a person by designating him/her as "you (singular)," to a group of people by including them by designating them as "we," and to a group of people by excluding them by designating them as "you (plural)."

Ranger - to tidy up	
Le temps simple	Le temps composé
(Impératif) présent	(Impératif) passé
Range	Aie rangé
Rangeons	Ayons rangé
Rangez	Ayez rangé

Ranger – to tidy up – English translation	
Simple tense	Compound tense
The present imperative	The past imperative
Tidy up	Tidied up
Tidy up	Tidied up
Tidy up	Tidied up

Reading comprehension 2

Lis le texte ci-dessous en utilisant les techniques que t'as données Emmy.

Read the text below using the techniques Emmy has given you.

Aujourd'hui, c'est le grand jour. Emmy prend son avion pour partir en France. Son avion **décolle** d'Auckland et **atterrira** à Paris. Ses parents et son frère l'ont **accompagnée** à **l'aéroport**. Avant de passer la zone de sécurité, Emmy et sa famille ont mangé une part de gâteau et bu un café dans un restaurant. Lorsqu'elle a dû quitter ses parents, elle a beaucoup **pleuré d'émotions**.

Maintenant, elle **attend** son avion vers la **porte d'embarquement** n°17. Elle a déjà enregistré son **bagage** en soute. Son avion s'envole dans moins d'une heure, il est temps d'embarquer. Elle a réservé un **siège** côté fenêtre pour pouvoir admirer le paysage pendant le vol. À côté d'elle, il y a une autre jeune fille. Elle espère pouvoir lui parler pour que le vol passe plus vite.

Translation of the reading comprehension 2

Today is the big day. Emmy is flying to France. Her plane takes off from Auckland and will land in Paris. Her parents and brother went with her to the airport. Before going through security, Emmy and her family had a piece of cake and a coffee in a restaurant. When she had to leave her parents, she cried a lot with emotion.

Now she is waiting for her plane at gate 17. She has already checked in her luggage. Her plane will be leaving in less than an hour; it is time to board. She has reserved a window seat so she can enjoy the scenery during the flight. Next to her is another young girl. She hopes she can talk to her so that the time during the flight will go faster.

Vocabulary list 2

Comme à son habitude, Emmy a surligné quelques mots dans le texte qu'elle trouve important que tu apprennes. À toi de les apprendre si tu ne les connais pas déjà !

As usual, Emmy has highlighted some words in the text that she thinks are important for you to learn. It's up to you to learn them if you do not already know them!

Français	English
Décoller	To take off
Atterrir	To land
Accompagner	To go with
L'aéroport	The airport
Pleurer	To cry
L'émotion	The emotion
Attendre	To wait
La porte d'embarquement	The gate
Le bagage	The luggage
Le siège	The seat

Questions to reading comprehension 2

Réponds aux questions ci-dessous.

Answer the questions below.

1. Cite 3 verbes du 1er groupe qui se trouvent dans le texte.
2. Cite 3 verbes dans le texte qui n'appartiennent pas au 1er groupe.
3. Pourquoi est-ce qu'Emmy a réservé un siège côté fenêtre ?
4. Comment Emmy a réagi en quittant sa famille ?
5. Quand est-ce qu'Emmy a pu grignoter quelque chose ?

Les réponses se trouvent dans la partie « Answer Key » à la page 114.

The answers can be found in the "Answer Key" section on page 114.

Exercises section

Dans cette section d'exercices, tu trouveras divers exercices de grammaire, conjugaison et vocabulaire pour ainsi pouvoir t'exercer.

In this exercise section, you will find various grammar, conjugation, and vocabulary exercises for you to practice.

Exercise 1

Conjugue le verbe entre parenthèses. Le temps verbal est toujours indiqué. Fais attention au sujet pour conjuguer le verbe correctement.

Conjugate the verb in parentheses. The verb tense is always indicated. Pay attention to the subject to conjugate the verb correctly.

1. L'avion d'Emmy _____ (décoller, passé composé) à 16 heures.
2. Pendant le vol, elle _____ (regarder, passé composé) 2 films.
3. L'hôtesse de l'air l'_____ (réveiller, passé composé) pour lui servir à manger.
4. Elle _____ (rêver, imparfait) des beaux paysages en France pendant qu'elle dormait.
5. Pendant le vol, elle _____ (décider, passé composé) qu'elle _____ (rencontrer, conditionnel présent) de nouvelles personnes directement en arrivant à Paris.
6. Elle _____ (imaginer, présent) déjà son aventure.
7. Elle _____ (penser, présent) déjà aux croissants qu'elle _____ (manger, futur).
8. Si elle _____ (terminer, plus-que-parfait) ses études plus vite, elle serait partie plus tôt en voyage.

Les réponses se trouvent dans la partie « Answer Key » à la page 121.

The answers can be found in the "Answer Key" section on page 121.

Exercise 2

Relie les expressions suivantes à leur période correspondante.
Link the following expressions to their corresponding period.

Hier	•	
Dans 10 ans	•	
		• Le passé
Maintenant	•	
Aujourd'hui	•	
Demain	•	
Il y a 3 semaines	•	
		• Le présent
Le mois prochain	•	
La semaine passée	•	
En ce moment	•	
Autrefois	•	• Le futur
Plus tard	•	

Les réponses se trouvent dans la partie « Answer Key » à la page 121.

The answers can be found in the "Answer Key" section on page 121.

Did you know?

Comme tu le sais déjà, tous les verbes terminant en -er appartiennent au 1er groupe. Mais, est-ce que tu savais qu'il y avait un cas particulier? Le verbe « aller » se termine bien en -er et pourtant, il ne se conjugue pas comme les autres. On dit que c'est un verbe irrégulier.

As you already know, all verbs ending in -er belong to the 1st group. But did you know that there is a special case? The verb "to go" ends in -er, and yet it is not conjugated like the others. It is said to be an *irregular verb*.

Aller - to go							
Les temps simples				Les temps composés			
Présent	Imparfait	Futur	Passé simple	Passé composé	Plus-que-parfait	Futur antérieur	Passé antérieur
Je vais	J'allais	J'irai	J'allai	Je suis allé	J'étais allé	Je serai allé	Je fus allé
Tu vas	Tu allais	Tu iras	Tu allas	Tu es allé	Tu étais allé	Tu seras allé	Tu fus allé
Il va	Il allait	Il ira	Il alla	Il est allé	Il était allé	Il sera allé	Il fut allé
Nous allons	Nous allions	Nous irons	Nous allâmes	Nous sommes allés	Nous étions allés	Nous serons allés	Nous fûmes allés
Vous allez	Vous alliez	Vous irez	Vous allâtes	Vous êtes allés	Vous étiez allés	Vous serez allés	Vous fûtes allés
Ils vont	Ils allaient	Ils iront	Ils allèrent	Ils sont allés	Ils étaient allés	Ils seront allés	Ils furent allés

Aller - to go - English translation

Simple tenses				Compound tenses			
Present	Imperfect	Future	Past simple	Present perfect	Pluperfect	Future past	Past perfect
I go	I went	I will go	I went	I have gone	I had gone	I will have gone	I had gone
You go	You went	You will go	You went	You have gone	You had gone	You will have gone	You had gone
He goes	He went	He will go	He went	He has gone	He had gone	He will have gone	He had gone
We go	We went	We will go	We went	We have gone	We had gone	We will have gone	We had gone
You go	You went	You will go	You went	You have gone	You had gone	You will have gone	You had gone
They go	They went	They will go	They went	They have gone	They had gone	They will have gone	They had gone

Chapter 4: Second Conjugations

Dans ce nouveau chapitre, Emmy va t'expliquer comment conjuguer les verbes du 2ème groupe et va te partager ses nouvelles aventures à travers la France.

In this new chapter, Emmy will explain how to conjugate the second group of verbs and will share her new adventures throughout France.

Verbs from the 2nd group

Les verbes du 2ème groupe se terminent en **-ir**. Les verbes de ce groupe se conjuguent comme le verbe « finir ».

The verbs of the 2nd group end in **-ir**. The verbs in this group are conjugated like the verb "to finish."

Finir - to finish

Les temps simples | Les temps composés

Présent	Imparfait	Futur	Passé simple	Passé composé	Plus-que-parfait	Futur antérieur	Passé antérieur
Je finis	Je finissais	Je finirai	Je finis	J'ai fini	J'avais fini	J'aurai fini	J'eus fini
Tu finis	Tu finissais	Tu finiras	Tu finis	Tu as fini	Tu avais fini	Tu auras fini	Tu eus fini
Il finit	Il finissait	Il finira	Il finit	Il a fini	Il avait fini	Il aura fini	Il eut fini
Nous finissons	Nous finissions	Nous finirons	Nous finîmes	Nous avons fini	Nous avions fini	Nous aurons fini	Nous eûmes fini
Vous finissez	Vous finissiez	Vous finirez	Vous finîtes	Vous avez fini	Vous aviez fini	Vous aurez fini	Vous eûtes fini
Ils finissent	Ils finissaient	Ils finiront	Ils finirent	Ils ont fini	Ils avaient fini	Ils auront fini	Ils eurent fini

Finir - to finish - English translation

Simple tenses | Compound tenses

Present	Imperfect	Future	Past simple	Present perfect	Pluperfect	Future past	Past perfect
I finish	I finished	I will finish	I finished	I have finished	I had finished	I will have finished	I had finished
You finish	You finished	You will finish	You finished	You have finished	You had finished	You will have finished	You had finished

He finishes	He finished	He will finish	He finished	He has finished	He had finished	He will have finished	He had finished
We finish	We finished	We will finish	We finished	We have finished	We had finished	We will have finished	We had finished
You finish	You finished	You will finish	You finished	You have finished	You had finished	You will have finished	You had finished
They finish	They finished	They will finish	They finished	They have finished	They had finished	They will have finished	They had finished

Attention, il y a cependant des exceptions. Tous les verbes en -ir n'appartiennent pas forcément au 2ème groupe. Ceux qui appartiennent au 2ème groupe se conjuguent comme « finir » ci-dessus.

However, there are exceptions. Not all verbs in -ir belong to the 2nd group. Those that do belong to the 2nd group are conjugated like "finish" above.

Voici d'autres verbes appartenant au 2ème groupe / Here are some other verbs belonging to the 2nd group:

Grandir, ralentir, choisir, vieillir, atterrir, démolir, vomir, trahir,...

Voici d'autres verbes se terminant en -ir mais n'appartenant pas au 2ème groupe / Here are other verbs ending in -ir - **but not belonging to the 2nd group:**

Mourir, mentir, partir, venir, sortir, offrir,...

Reading comprehension 3

Lis le texte ci-dessous en utilisant les techniques que t'as données Emmy.

Read the text below using the techniques Emmy has given you.

Emmy vient d'atterrir à Paris. Elle commence son aventure en restant 2 semaines à Paris. Elle a donc décidé de prendre des cours de langue pour pouvoir ensuite se débrouiller **toute seule** en France.

Sa journée commence par aller chercher un café et un croissant à la **boulangerie**. Ensuite, elle va en cours pour étudier le français. Sa journée de cours **se finit** toujours par **pratiquer** un dialogue avec un **collègue**. Le **but** de ces dialogues est de **bâtir** de bonnes **bases** en communication. Grâce à ces cours, elle **enrichit** beaucoup son vocabulaire.

Elle apprécie beaucoup son séjour à Paris et s'est déjà fait des amis dans sa résidence étudiante.

Translation of the reading comprehension 3

Emmy has just landed in Paris. She started her adventure by staying in Paris for two weeks. She decided to take language classes so that she could manage on her own in France.

Her day starts with going to the bakery to get a coffee and a croissant. Then she goes to class to study French. Her day in class always ends with practicing a dialogue with a colleague. The aim of these dialogues is to build a good foundation in communication. Thanks to these classes, she is enriching her vocabulary a lot.

She is enjoying her stay in Paris and has already made friends in her student residence.

Vocabulary list 3

Emmy t'a préparé une petite liste de vocabulaire. S'il y a des mots que tu ne connais pas, révises-les jusqu'à les connaître sur le bout des doigts.

Emmy has prepared a small vocabulary list for you. If there are words you do not know, review them until you know them inside out.

Français	English
Toute seule	On her own
Finir	To finish
Pratiquer	To practice
Le collègue, la collègue	The colleague
Le but	The aim
Bâtir	To build
La base	The foundation
Enrichir	To enrich

Questions to reading comprehension 3

Réponds aux questions ci-dessous.

Answer the questions below.

1. Cite 3 verbes du 2ème groupe qui se trouvent dans le texte.
2. Cite 3 verbes du 1er groupe qui se trouvent dans le texte.
3. Combien de temps est-ce qu'Emmy reste à Paris?
4. Quel est l'objectif de pratiquer des dialogues?
5. Comment commence la journée d'Emmy?

Les réponses se trouvent dans la partie « Answer Key » à la page 117.

The answers can be found in the "Answer Key" section on page 117.

Exercises section

Dans cette section d'exercices, tu trouveras divers exercices de grammaire, conjugaison et vocabulaire pour ainsi pouvoir t'exercer.

In this exercise section, you will find various grammar, conjugation, and vocabulary exercises for you to practice.

Exercise 3

Conjugue les verbes dans le tableau.

Conjugate the verbs in the table.

Verbes	Ta conjugaison
Finir, présent, 1ère pers. sing.	
Accomplir, futur, 1ère pers. plur.	
Grandir, imparfait, 3ème pers. sing.	
Maigrir, présent, 2ème pers. sing	
Grossir, futur, 3ème pers. plur.	
Réussir, présent, 1ère pers. sing.	
Réagir, imparfait, 2ème pers. plur.	
Fleurir, passé composé, 3ème pers. plur.	

Obéir, futur antérieur, 2ème pers. sing.	
Rougir, plus-que-parfait, 3ème pers. plur.	
Remplir, conditionnel présent, 1ère pers. sing.	

Les réponses se trouvent dans la partie « Answer Key » à la page 120.

The answers can be found in the "Answer Key" section on page 120.

Exercise 4

Décris comment se déroule ta journée en 5 phrases.

Describe how your day goes in 5 sentences.

_____

_____

_____

_____

_____

_____

_____

_____

_____

Les réponses se trouvent dans la partie « Answer Key » à la page 117.

The answers can be found in the "Answer Key" section on page 117.

Did you know...?

Savais-tu que le cinéma avait été inventé en France? Tout le monde pense que le cinéma et les films proviennent d'Hollywood mais le tout premier cinéma a bel et bien été inventé en France par les Frères Lumière. C'est d'ailleurs à Lyon que la toute première séance s'est passée.

Emmy te recommande particulièrement d'aller voir des films au cinéma en français. Cela t'aidera à améliorer ton niveau d'écoute et de comprehension orale.

Did you know that cinema was invented in France? Everyone thinks that cinema and movies come from Hollywood, but the very first cinema was actually invented in France by the Lumière brothers. In fact, it was in Lyon that the very first screening took place.

Emmy particularly recommends that you go to the cinema to see movies in French. It will help you to improve your listening and comprehension levels.

Chapter 5: Third Conjugations

Dans ce chapitre, Emmy va t'introduire les verbes du 3ème groupe. Elle a terminé ses 2 semaines de cours de langue à Paris et elle a maintenant trouvé un travail à Biarritz au bord de la mer. Elle est serveuse dans un restaurant.

In this chapter, Emmy will introduce you to the third group of verbs. She has finished her 2 weeks of language courses in Paris and has now found a job in Biarritz by the sea. She is a waitress in a restaurant.

Verbs from the 3rd group

Les verbes du 3ème groupe sont certainement les plus compliqués à repérer car il s'agit de toutes les exceptions n'appartenant ni au 1er ou au 2ème groupe de verbes. Grâce au savoir d'Emmy, tu apprendras les conjugaisons des verbes du 3ème groupe en un rien de temps.

Les verbes du 3ème groupe possèdent plusieurs terminaisons. Ils peuvent se terminer en **-ir**, en **-oir** et en **-re**.

The verbs of the 3rd group are certainly the most complicated to spot, as they are all exceptions that do not belong to the 1st or 2nd group of verbs. Thanks to Emmy's knowledge, you will learn the conjugations of the 3rd group verbs in no time.

The verbs of the 3rd group have several endings. They can end in **-ir**, **-oir**, and **-re**.

Courir - to run

Les temps simples				Les temps composés			
Présent	Imparfait	Futur	Passé simple	Passé composé	Plus-que-parfait	Futur antérieur	Passé antérieur
Je cours	Je courais	Je courrai	Je courus	J'ai couru	J'avais couru	J'aurai couru	J'eus couru
Tu cours	Tu courais	Tu courras	Tu courus	Tu as couru	Tu avais couru	Tu auras couru	Tu eus couru
Il court	Il courait	Il courra	Il courut	Il a couru	Il avait couru	Il aura couru	Il eut couru
Nous courons	Nous courions	Nous courrons	Nous courûmes	Nous avons couru	Nous avions couru	Nous aurons couru	Nous eûmes couru
Vous courez	Vous couriez	Vous courrez	Vous courûtes	Vous avez couru	Vous aviez couru	Vous aurez couru	Vous eûtes couru
Ils courent	Ils couraient	Ils courront	Ils coururent	Ils ont couru	Ils avaient couru	Ils auront couru	Ils eurent couru

Courir - to run - English translation								
Simple tenses				Compound tenses			
Present	Imperfect	Future	Past simple	Present perfect	Pluperfect	Future past	Past perfect
I run	I ran	I will run	I ran	I have run	I had run	I will have run	I had run
You run	You ran	You will run	You ran	You have run	You had run	You will have run	You had run
He runs	He ran	He will run	He ran	He has run	He had run	He will have run	He had run
We run	We ran	We will run	We ran	We have run	We had run	We will have run	We had run
You run	You ran	You will run	You ran	You have run	You had run	You will have run	You had run
They run	They ran	They will run	They ran	They have run	They had run	They will have run	They had run

Vouloir - to want

Les temps simples				Les temps composés			
Présent	Imparfait	Futur	Passé simple	Passé composé	Plus-que-parfait	Futur antérieur	Passé antérieur
Je veux	Je voulais	Je voudrai	Je voulus	J'ai voulu	J'avais voulu	J'aurai voulu	J'eus voulu
Tu veux	Tu voulais	Tu voudras	Tu voulus	Tu as voulu	Tu avais voulu	Tu auras voulu	Tu eus voulu
Il veut	Il voulait	Il voudra	Il voulut	Il a voulu	Il avait voulu	Il aura voulu	Il eut voulu
Nous voulons	Nous voulions	Nous voudrons	Nous voulûmes	Nous avons voulu	Nous avions voulu	Nous aurons voulu	Nous eûmes voulu
Vous voulez	Vous vouliez	Vous voudrez	Vous voulûtes	Vous avez voulu	Vous aviez voulu	Vous aurez voulu	Vous eûtes voulu
Ils veulent	Ils voulaient	Ils voudront	Ils voulurent	Ils ont voulu	Ils avaient voulu	Ils auront voulu	Ils eurent voulu

Vouloir – to want – English translation

Simple tenses				Compound tenses			
Present	Imperfect	Future	Past simple	Present perfect	Pluperfect	Future past	Past perfect
I want	I wanted	I will want	I wanted	I have wanted	I had wanted	I will have wanted	I had wanted
You want	You wanted	You will want	You wanted	You have wanted	You had wanted	You will have wanted	You had wanted
He wants	He wanted	He will want	He wanted	He has wanted	He had wanted	He will have wanted	He had wanted
We want	We wanted	We will want	We wanted	We have wanted	We had wanted	We will have wanted	We had wanted
You want	You wanted	You will want	You wanted	You have wanted	You had wanted	You will have wanted	You had wanted
They want	They wanted	They will want	They wanted	They have wanted	They had wanted	They will have wanted	They had wanted

Prendre - to take

Les temps simples				Les temps composés			
Présent	Imparfait	Futur	Passé simple	Passé composé	Plus-que-parfait	Futur antérieur	Passé antérieur
Je prends	Je prenais	Je prendrai	Je pris	J'ai pris	J'avais pris	J'aurai pris	J'eus pris
Tu prends	Tu prenais	Tu prendras	Tu pris	Tu as pris	Tu avais pris	Tu auras pris	Tu eus pris
Il prend	Il prenait	Il prendra	Il prit	Il a pris	Il avait pris	Il aura pris	Il eut pris
Nous prenons	Nous prenions	Nous prendrons	Nous prîmes	Nous avons pris	Nous avions pris	Nous aurons pris	Nous eûmes pris
Vous prenez	Vous preniez	Vous prendrez	Vous prîtes	Vous avez pris	Vous aviez pris	Vous aurez pris	Vous eûtes pris
Ils prennent	Ils prenaient	Ils prendront	Ils prirent	Ils ont pris	Ils avaient pris	Ils auront pris	Ils eurent pris

Prendre - to take - English translation								
Simple tenses				Compound tenses			
Present	Imperfect	Future	Past simple	Present perfect	Pluperfect	Future past	Past perfect
I take	I took	I will take	I took	I have taken	I had taken	I will have taken	I had taken
You take	You took	You will take	You took	You have taken	You had taken	You will have taken	You had taken
He takes	He took	He will take	He took	He has taken	He had taken	He will have taken	He had taken
We take	We took	We will take	We took	We have taken	We had taken	We will have taken	We had taken
You take	You took	You will take	You took	You have taken	You had taken	You will have taken	You had taken
They take	They took	They will take	They took	They have taken	They had taken	They will have taken	They had taken

Lorsque tu n'es pas sûr de toi par rapport à une conjugaison, n'hésite pas à utiliser un dictionnaire en ligne. Toutes les conjugaisons sont disponibles gratuitement et cela t'évitera de faire des erreurs. Tu peux par exemple utiliser le site internet : https://www.conjugaisonfrancaise.com.

Do not hesitate to use an online dictionary when unsure about conjugations. All conjugations are available free of charge, which will help you avoid making mistakes. For example, you can use the website: https://www.conjugaisonfrancaise.com.

Reading comprehension 4

Lis le texte ci-dessous en utilisant les techniques que t'as données Emmy.

Read the text below using the techniques Emmy has given you.

Emmy travaille depuis maintenant 3 semaines dans un restaurant **au bord de la mer** à Biarritz. Le restaurant **propose** toutes sortes de **plats** à base de poissons et de **fruits de mer**. Emmy travaille tous les jours de 09h00 à 15h00, du lundi au vendredi. Le week-end, elle est **libre** et peut donc voyager ou prendre du temps pour elle. **La plupart du temps**, elle part le samedi matin et revient le dimanche soir après avoir exploré un **endroit** dans la région de Biarritz.

D'ailleurs, le week-end passé, elle a pris le train pour aller jusqu'à Bordeaux. Là-bas, elle a dormi dans une **auberge de jeunesse** et a visité la ville pendant le week-end.

Translation of reading comprehension 4

Emmy has been working for 3 weeks now in a restaurant by the sea in Biarritz. The restaurant offers all kinds of fish and seafood dishes. Emmy works every day from 9am to 3pm, Monday to Friday. At weekends she is free to travel or take some time for herself. Most of the time, she leaves on Saturday morning and returns on Sunday evening after exploring some place in the Biarritz area.

In fact, last weekend, she took the train to Bordeaux. There she stayed in a youth hostel and visited the city during the weekend.

Vocabulary list 4

Selon Emmy, les mots ci-dessous sont à apprendre si tu ne les connais pas déjà. Tu peux les écrire sur des cartes pour mieux les assimiler.

According to Emmy, the words below are for you to learn if you do not already know them. You can write them on flashcards to help you learn them.

Français	English
Au bord de la mer	By the sea
Proposer	To offer
Le plat	The dish
Le fruit de mer	Seafood
Libre	Free
La plupart du temps	Most of the time
L'endroit	The place
D'ailleurs	In fact
L'auberge de jeunesse	The youth hostel

Questions to reading comprehension 4

Réponds aux questions ci-dessous.

Answer the questions below.

1. Cite 3 verbes du 3ème groupe qui se trouvent dans le texte.
2. Quand est-ce qu'Emmy ne travaille pas?
3. Qu'est-ce qu'Emmy a fait le week-end passé?
4. Combien d'heures par jour est-ce qu'Emmy travaille?
5. Quel moyen de transport est-ce qu'Emmy utilise pour se rendre à Bordeaux?

Les réponses se trouvent dans la partie « Answer Key » à la page 118.

The answers can be found in the "Answer Key" section on page 118.

Exercises section

Dans cette section d'exercices, tu trouveras divers exercices de grammaire, conjugaison et vocabulaire pour ainsi pouvoir t'exercer.

In this exercise section, you will find various grammar, conjugation, and vocabulary exercises for you to practice.

Exercise 5

Traduis les phrases ci-dessous en français.

Translate the sentences below into French.

1. Emmy works five days a week.

   _____

2. The restaurant where she works is located in Biarritz.

   _____

3. During the weekend, she often goes somewhere else to enjoy some free time.

   _____

4. She eats lunch every day at the restaurant.

   _____

5. After work, she has time to go surfing.

   _____

Les réponses se trouvent dans la partie « Answer Key » à la page 121.

The answers can be found in the "Answer Key" section on page 121.

Exercise 6

Pratique ce dialogue avec un(e) ami(e) ou tout seul. Si tu l'entraines seul, n'hésite pas à t'enregistrer avec ton téléphone pour écouter ta prononciation. Pour le contexte, Emmy est au travail et doit servir un client.

Practice this dialogue with a friend or on your own. If practicing it alone, do not hesitate to record yourself with your phone to listen to your pronunciation. For context, Emmy is at work and has to serve a customer.

Le client: Bonjour, je souhaiterais une table pour manger.

Emmy: Bonjour, vous pouvez vous installer ici. Je vous apporte la carte tout de suite.

Le client: Merci.

Emmy: Voici la carte. Est-ce que je peux déjà vous servir quelque chose à boire?

Le client: Oui, je souhaiterais une bouteille d'eau plate et un verre de vin rouge.

Emmy: Voilà vos boissons. Qu'est-ce que vous souhaitez manger?

Le client: Je souhaiterais manger le tartare de saumon accompagné de frites et une petite salade verte.

Emmy: C'est noté. Je vous apporte cela tout de suite.

Une traduction de ce dialogue se trouve dans la partie « Answer Key » à la page 120.

A translation of this dialogue can be found in the "Answer Key" section on page 120.

Did you know...?

Est-ce que tu savais que la France était un pays réputé pour sa gastronomie? Des personnes du monde entier viennent en France juste pour goûter des spécialités.

Chaque région a sa spécialité et suivant où tu iras, tu pourras goûter des escargots, des cuisses de grenouilles, de la fondue savoyarde, du bœuf bourguignon ou encore des plats à base de fruits de mer.

Did you know that France is a country famous for its gastronomy? People from all over the world come to France just to taste the specialties.

Each region has its specialty and depending on where you go, you can try snails, frog legs, fondue savoyarde (big pot of melted cheese in which you dip a piece of bread), beef bourguignon, or seafood dishes.

Chapter 6: Speaking, speaking, speaking...

Depuis qu'Emmy est en France, elle s'est énormément améliorée à l'oral. Elle pratique le français tous les jours, autant à l'écrit qu'à l'oral.

Since Emmy has been in France, her speaking skills have improved enormously. She practices French every day, both in writing and speaking.

Speaking

Parler est certainement la compétence la plus utile si tu décides de partir voyager dans un pays francophone. Il est donc très important que tu te concentres bien sur les astuces qu'Emmy va te donner.

Speaking is probably the most useful skill if you travel to a French-speaking country. It is, therefore, essential that you focus on the tips Emmy will give you.

Informal speech

En français, on parle souvent de manière informelle, tout comme en anglais. Beaucoup de contractions de mots sont utilisées en français, et parfois même, on en supprime. Alors, si tu parles avec quelqu'un, n'hésite pas à utiliser les formes ci-dessous.

In French, we often speak informally, just like in English. In fact, in French, we use a lot of word contractions, and sometimes we even delete them. So if you are talking to someone, do not hesitate to use the forms below.

Par exemple / for example:

Je suis / J'suis = I am / I'm

Dans l'exemple ci-dessus, on contracte les deux mots pour en former qu'un. Cette contraction s'utilise beaucoup à l'oral et aussi parfois à l'écrit lorsque deux personnes échangent par écrit par SMS par exemple. Par contre, cette forme ne peut pas être utilisée pour un texte scolaire, une lettre de motivation ou autre texte formel.

Sous la même forme, « tu es » devient « t'es ».

In the example above, the two words are contracted to form one. This contraction is used a lot in speech and sometimes in writing – for example, when two people exchange text messages. However, this form cannot be used for a school text, a cover letter, or another formal text.

In the same form, "you are" becomes "you're."

Je n'ai pas / j'ai pas = I do not / I don't

Dans l'exemple ci-dessus, en français, on supprime le « n' ». On utilise cette forme à l'oral mais aussi à l'écrit lorsque deux personnes échangent par SMS. Grammaticalement parlant, cette forme est incorrecte mais elle est très utilisée. C'est la même chose pour « je ne sais pas ». Cette forme devient « je sais pas ».

In the example above, the "n'" is dropped in French. This form is used in speech and writing when two people exchange text messages. Grammatically speaking, this form is incorrect, but it is widely used. The same applies to "I do not know." This form becomes "I don't know."

The difference between « on » and "nous"

En français, le pronom « on » est utilisé comme le « nous ». Bien que le pronom « on » est singulier et le « nous » soit pluriel, ils s'utilisent dans la plupart des cas de la même manière. A l'oral, on utilisera plus souvent le pronom « on » que le « nous » car la signification est la même. Alors la prochaine fois que tu veux faire une phrase rassemblant un groupe de personne et toi-même, n'hésite pas à utiliser le « on » au lieu du « nous ».

In French, the pronoun "it" is used like "we." Although the pronoun "it" is singular and "we" is plural, they are used in the same way in most cases. When speaking, the pronoun "it" will be used more often than "we" because the meaning is the same. So the next time you want to make a sentence involving yourself and a group of people, do not hesitate to use "it" instead of "we."

Par exemple / for example:

On est là. / nous sommes là. = we are here.

On cuisine ensemble. / nous cuisinons ensemble. = we cook together.

On travaille tous les jours. / nous travaillons tous les jours. = we work every day.

The difference between "tu" and "vous"

En français, le « tu » et le « vous » sont deux pronoms bien différents. En anglais, il y a uniquement le « you » pour désigner une personne ou un groupe de personne.

Le « tu » est utilisé pour tutoyer une personne, c'est-à-dire pour parler avec quelqu'un que tu connais bien: un(e) ami(e), un membre de ta famille, un(e) collègue de travail.

Le « vous » est utilisé pour désigner un groupe de personne dans lequel tu ne t'inclues pas. Il est aussi utilisé pour parler à une seule personne en la vouvoyant. En français, tu vouvoies quelqu'un que tu ne connais pas, quelqu'un qui veut garder une certaine distance ou quelqu'un qui ne t'a simplement pas autorisé à le tutoyer. Cela peut être un inconnu, un professeur à l'école, un serveur au restaurant, ton/ta patron/ne,...

Au quotidien, Emmy vouvoie les clients qu'elle rencontre au restaurant dans lequel elle travaille. Par contre, elle tutoie ses collègues et ses amis.

In French, "tu" and "vous" are two very different pronouns. In English, there is only "you" to refer to a person or a group of people.

"Tu" is used to refer to a person, i.e., to talk to someone you know well: a friend, a member of your family, or a colleague at work.

"Vous" is used to refer to a group of people in which you do not include yourself. It is also used to talk to a single person in a polite manner. In French, you use "vous" to talk to someone you do not know, someone who wants to keep a certain distance, or someone who has simply not given you permission to say "tu." It can be a stranger, a teacher at school, a waiter at a restaurant, or your boss,...

Emmy uses "vous" with the customers she meets in the restaurant where she works. On the other hand, she uses "tu" to talk with her colleagues and friends.

Reading comprehension 5

Lis le texte ci-dessous en utilisant les techniques que t'as données Emmy.

Read the text below using the techniques Emmy has given you.

Comme tu le sais, Emmy travaille en restauration en tant que serveuse. Au quotidien, elle parle avec des clients et elle doit les vouvoyer.

Tout d'abord, quand le client arrive, elle leur propose une table et leur demande: qu'est-ce que vous voulez boire? Quand elle leur apporte la carte pour commander à manger, elle leur demande par exemple: que désirez-vous manger?

Quand elle leur apporte la nourriture qu'ils ont commandée, elle leur demande toujours s'ils ont besoin d'autres choses. Pendant le repas, elle retourne vers les tables qu'elle a servies et demande: est-ce que cela vous convient?

Translation to reading comprehension 5

As you know, Emmy works in a restaurant as a waitress. Every day she talks to customers, and she has to be polite to them.

First of all, when the customer arrives, she offers them a table and asks them: what would you like to drink? When she brings them the menu to order food, she asks them, for example: what would you like to eat?

When she brings them the food they have ordered, she always asks them if they need anything else. During the meal, she goes back to the tables she has served and asks: is everything okay?

Vocabulary list 5

Cette fois-ci, Emmy pense que ton niveau de français est largement suffisant pour que tu comprennes tous les mots du texte sans avoir besoin d'une liste déjà préparée par ses soins. Par contre, elle te met un tableau vide ci-dessous pour que tu sois libre de le remplir avec des mots que tu souhaites apprendre. N'hésite pas à en rajouter autant que tu le souhaites.

This time, Emmy thinks that your level of French is more than enough for you to understand all the words in the text without needing a list that she has already prepared. However, she has provided a blank table below for you to fill in with any words you wish to learn. Feel free to add as many as you like.

Français	English

Questions to reading comprehension 5

Réponds aux questions ci-dessous.

Answer the questions below.

1. Quelle est la signification du mot « vouvoyer »?

   _____

2. Est-ce qu'Emmy peut dire « tu » à ses clients?

   _____

3. Est-ce qu'elle demande en premier à ses clients s'ils veulent boire ou manger?

   _____

4. Qu'est-ce qu'Emmy fait pendant que ses clients mangent?

   _____

5. Cite 5 verbes du texte appartenant au 1er groupe.

   _____

Les réponses se trouvent dans la partie « Answer Key » à la page 120.

The answers can be found in the "Answer Key" section on page 120.

Exercises section

Dans cette section d'exercices, tu trouveras divers exercices de grammaire, conjugaison et vocabulaire pour ainsi pouvoir t'exercer.

In this exercise section, you will find various grammar, conjugation, and vocabulary exercises for you to practice.

Exercise 7

Transforme les phrases en « tu » ci-dessous par la forme de politesse « vous ».

Transform the "tu" sentences below into the polite form "vous."

1. Que veux-tu?

   _____

2. Est-ce que tu pourrais venir?

   _____

3. Tu peux t'assoir à cette table.

   _____

4. Cela te coûtera 25 euros.

   _____

5. Est-ce que tu désires manger quelque chose?

   _____

Les réponses se trouvent dans la partie « Answer Key » à la page 120.

The answers can be found in the "Answer Key" section on page 120.

Exercise 8

Pratique ce dialogue avec un(e) ami(e) ou tout seul. Si tu l'entraines seul, n'hésite pas à t'enregistrer avec ton téléphone pour écouter ta prononciation. Pour le contexte, Emmy discute avec son ami Jean.

Practice this dialogue with a friend or on your own. If you are practicing it alone, do not hesitate to record yourself with your phone to listen to your pronunciation. For context, Emmy is talking to her friend Jean.

Emmy: Salut Jean, est-ce que ça te dirait d'aller à Aluna Festival à Ruoms au mois de juin?

Jean: Salut Emmy. Oui, avec plaisir. Quel jour est-ce que tu aimerais y aller?

Emmy: J'aimerais beaucoup y aller le samedi soir. Je vais réserver mon billet.

Jean: Est-ce que tu peux me réserver mon billet en même temps?

Emmy: Oui, bien sûr. Cela coûte 60 euros. Est-ce que tu peux me faire un virement?

Jean: Oui, sans problème. Je te fais ça tout de suite.

Emmy: Parfait, merci.

Une traduction de ce dialogue se trouve dans la partie « Answer Key » à la page 124.

A translation of this dialogue can be found in the "Answer Key" section on page 124.

Chapter 7: Reflexive Verbs

Après avoir travaillé 2 mois complets en tant que serveuse dans un restaurant à Biarritz, Emmy a gagné suffisamment d'argent pour continuer son aventure en France. Dans ce nouveau chapitre, elle te racontera ses nouvelles péripéties tout en t'enseignant le concept des verbes réfléchis.

After working for two full months as a waitress in a restaurant in Biarritz, Emmy has earned enough money to continue her adventure in France. In this new chapter, she will tell you about her new adventures while teaching you the concept of reflexive verbs.

All about reflexive words

Ce thème est très important, n'hésite pas à le revoir plusieurs fois si nécessaire.

This topic is very important, so don't hesitate to revisit it several times if necessary.

Reflexive pronouns

Avant de s'attaquer aux verbes réfléchis, Emmy veut d'abord te parler des pronoms réfléchis. Elle te les a mis dans un tableau pour que tu comprennes bien à quoi ils correspondent.

Before we get to the reflexive verbs, Emmy wants to tell you about reflexive pronouns. She has put them in a table for you so that you can understand what they mean.

Pronoms sujets	Pronoms réfléchis
Je	Me / m'
Tu	Te / t'
Il / elle / on	Se / s'
Nous	Nous
Vous	Vous
Ils / elles	Se / s'

Les pronoms réfléchis se placent toujours entre le sujet et le verbe. Tu verras comment les former dans le thème suivant.

Reflexive pronouns are always placed between the subject and the verb. You will see how to form them in the next topic.

Reflexive verbs

Un verbe réfléchi est un verbe composé d'un pronom réfléchi. Ce verbe désigne une action que le sujet est en train de faire sur lui-même. Lorsque tu utilises le verbe réfléchi dans un temps composé comme le passé composé par exemple, tu dois toujours utiliser l'auxiliaire être pour le conjuguer. Ensuite, comme tu utilises **l'auxiliaire être**, tu dois toujours accorder la terminaison avec le sujet. Comme tu le sais, pour accorder une terminaison, tu dois vérifier le genre (masculin ou féminin) et le nombre (singulier ou pluriel).

A reflexive verb is a verb with a reflexive pronoun. This verb designates an action that the subject is doing to himself. When you use the reflexive verb in a compound tense, such as the past perfect tense, you must always use **the auxiliary to be** to conjugate it. Then, as you use the auxiliary *to be*, you must always make the ending and subject agree. As you know, to agree with an ending, you have to check the gender (masculine or feminine) and the number (singular or plural).

Par exemple / for example:

Je **me souviens** de toi. = I remember you.

Tu **te laves** une fois par jour. = You wash once a day.

Elle **s'est rendue** à Marseille la semaine passée. = She went to Marseille last week.

Nous **nous moquons** de toi. = We are laughing at you.

Vous **vous demandez** s'il fait beau demain. = You wonder if the weather will be nice tomorrow.

Ils **se lèvent** à 06h30 tous les jours. = They get up at 06:30 every day.

Comme tu peux le voir dans les exemples ci-dessus, chaque phrase est composée d'un sujet, d'un pronom réfléchi puis d'un verbe et d'un complément. A l'infinitif, un verbe réfléchi se compose comme ceci: se souvenir, se laver, se rendre, se moquer, se demander, se lever.

As you can see from the examples above, each sentence consists of a subject, a reflexive pronoun, and then a verb and a complement. In the infinitive, a reflexive verb is composed like this: to remember, to wash, to go, to laugh at, to wonder, to get up.

Reading comprehension 6

Lis le texte ci-dessous en utilisant les techniques que t'as données Emmy.

Read the text below using the techniques Emmy has given you.

La semaine passée, Emmy a terminé son travail à Biarritz. Elle y est **restée** 2 mois **complets** et elle a **gagné** suffisamment d'argent pour pouvoir voyager un peu. Elle s'est motivée avec des amis et ils se sont décidés à partir ensemble en Ardèche.

Sur place, ils se sont promenés dans les forêts. Ils ont fait beaucoup de **randonnées**. Ils dorment dans un **camping** au bord de la rivière. Tous les jours, ils se lèvent à 08h00 et se douchent dans les salles de bain commune du camping. Ils mangent dans leur **tente** et ensuite, ils partent **découvrir** la région. Aujourd'hui, ils ont décidé de faire du canoë sur la rivière. Après **l'activité**, Emmy s'est offert une glace à la fraise. Ils se sont ensuite rendus au magasin pour acheter de quoi faire des grillades le soir au camping.

Translation to reading comprehension 6

Last week Emmy finished her job in Biarritz. She stayed there for two full months and earned enough money to travel a bit. She got motivated with some friends, and they decided to go to Ardèche together.

There, they went for walks in the forests. They did a lot of hiking. They sleep at a campsite by the river. Every day, they get up at 08:00 and shower in the common bathrooms of the campsite. They eat in their tents and then go out to explore the area. Today they decided to go canoeing on the river. After the activity, Emmy treated herself to a strawberry ice cream. Afterward, they went to the shop to buy some food to grill for the evening at the campsite.

Vocabulary list 6

Emmy a surligné quelques mots dans le texte qu'elle trouve important que tu apprennes. Pour faciliter ton apprentissage, tu peux les répéter avec quelqu'un.

Emmy has highlighted some words in the text that she thinks are important for you to learn. To make it easier for you to learn, you can review them with someone.

Français	English
Rester	To stay
Complet	Full
Gagner (de l'argent)	To earn
Sur place	There
La randonnée	The hike
Le camping	The campsite
La tente	The tent

Découvrir	To explore / to discover
L'activité	The activity

Questions to reading comprehension 6

Réponds aux questions ci-dessous.

Answer the questions below.

1. Cite 3 verbes réfléchis qui se trouvent dans le texte.

   _____

2. Est-ce qu'Emmy est partie seule en Ardèche?

   _____

3. Combien de temps est-ce qu'Emmy a travaillé?

   _____

4. Qu'est-ce qu'Emmy a mangé après le canoë?

   _____

5. Où est-ce qu'ils dorment?

   _____

Les réponses se trouvent dans la partie « Answer Key » à la page 124.

The answers can be found in the "Answer Key" section on page 124.

Exercises section

Dans cette section d'exercices, tu trouveras divers exercices de grammaire, conjugaison et vocabulaire pour ainsi pouvoir t'exercer.

In this exercise section, you will find various grammar, conjugation, and vocabulary exercises for you to practice.

Exercise 9

Souligne la bonne réponse dans la phrase.

Underline the correct answer in the sentence.

1. Quand elle a du temps libre, Emmy *te balade / se balade / nous balade* dans la forêt.

2. Emmy et ses amis *se sont rendus / s'est rendue / vous êtes rendus* à Vallon-Pont-d'Arc.

3. Emmy et ses amis *se sont rencontré / se sont rencontrés / se sont rencontrées* à Biarritz.

4. Ils *se sont souvent offert / s'est souvent offert / nous sommes offert* des glaces l'après-midi.

5. Je *me suis promené / t'es promené / s'est promené* en montagne.

Les réponses se trouvent dans la partie « Answer Key » à la page 124.

The answers can be found in the "Answer Key" section on page 124.

Exercise 10

Trouve le mot correspondant à chaque définition. Cet exercice se concentre sur le vocabulaire lié aux moyens de transport.

Find the word matching each definition. This exercise focuses on vocabulary related to means of transport.

1. Ce moyen de transport roule sur des chemins de fer.

   _____

2. Pour utiliser ce moyen de transport, tu dois monter dessus et pédaler.

   _____

3. Ce moyen de transport a deux roues et un moteur. Il est obligatoire de porter un casque pour l'utiliser.

   _____

4. Tu peux utiliser ce moyen de transport pour voler d'un pays à un autre.

   _____

5. Ce moyen de transport flotte sur l'eau. Tu peux l'utiliser sur un lac, une mer ou même un océan.

   _____

Les réponses se trouvent dans la partie « Answer Key » à la page 124.

The answers can be found in the "Answer Key" section on page 124.

Mid-book quiz

Félicitations, tu es arrivé au milieu du livre! Pour fêter cela, Emmy t'invite à faire le quiz ci-dessous pour évaluer ton niveau. Si tu fais des erreurs, pas de panique. Tu peux toujours revenir à la théorie des chapitres où tu as eu plus de difficultés. Souviens-toi, c'est en faisant des erreurs qu'on apprend.

Congratulations, you have reached the middle of the book! To celebrate that, Emmy invites you to take the quiz below to test your level. If you make mistakes, do not panic. You can always go back to the theory of the chapters where you had more difficulty. *Remember: you learn by making mistakes.*

Quiz - Exercise 1 - Verbs, verbs, and more verbs

Conjugue les verbes dans le tableau ci-dessous. Attention, tu pourras trouver des verbes appartenant aux trois groupes différents.

Conjugate the verbs in the table below. Be careful; you may find verbs belonging to three different groups.

Verbes	Ta conjugaison
Parier, imparfait, 1ère pers. sing.	
Bondir, présent, 2ème pers. sing.	
Terminer, futur, 3ème pers. sing.	
Savoir, passé composé, 1ère pers. plur.	
Pouvoir, conditionnel présent, 2ème pers. plur.	
Croire, présent, 3ème pers. plur.	
Naviguer, futur antérieur, 1ère pers. sing.	

Papoter, plus-que-parfait, 2ème pers. sing.	
Finir, imparfait, 3ème pers. sing.	
Bâtir, futur, 1ère pers. plur.	
Boire, passé composé, 2ème pers. plur.	
Danser, plus-que-parfait, 3ème pers. plur.	
Marcher, passé simple, 1ère pers. sing.	
Accomplir, présent, 2ème pers. sing.	
Pleurer, futur antérieur, 3ème pers. sing.	

Quiz – Exercise 2 – Theorie

Réponds aux questions ci-dessous par oui ou non.

Answer the questions below with/by yes or no.

1. Est-ce que tu vouvoies un inconnu?
   _____
2. Est-ce que tu peux tutoyer ton frère?
   _____
3. Est-ce que le mode « impératif » sert à donner un ordre?
   _____
4. Est-ce qu'on peut utiliser le mode « conditionnel » pour exprimer un doute?
   _____

5. Est-ce qu'on peut utiliser le mode « subjonctif » pour exprimer une hypothèse?

_____

Quiz – Exercise 3 – Translation

Traduis les phrases ci-dessous.

Translate the sentences below.

1. I wash every morning before going to work.

   _____

2. Emmy goes for a walk after work.

   _____

3. He brushes his teeth after eating.

   _____

4. They sit down.

   _____

5. We are wondering if you are coming tonight.

   _____

Quiz - Exercise 4 - Vocabulary

Relie les mots à leur traduction.
Link the words to their translation.

La vague	•	• The luggage
Plutôt	•	• Full
Le bagage	•	• To cry
L'aéroport	•	• Rather
Rester	•	• To stay
Complet	•	• To land
Le fruit de mer	•	• The wave
Le plat	•	• The seafood
La randonnée	•	• The dish
Pleurer	•	• The hike
Atterir	•	• The airport

Quiz - Exercise 5 - Word order

Remets les mots dans l'ordre pour former des phrases correctes.
Put the words in the right order to form correct sentences.

1. sont allés / et / Emmy / quelques / jours / Ardèche. / ses / en / amis

   _____

2. canoë. / Ils / randonnée / et / de / du / la / ont fait

   _____

3. Vallon-Pont-d'Arc. / Ils / dans / région / la / étaient / de

   _____

4. comme / crème de marrons. / la / Ils / des / ont goûté / spécialités

   _____

5. Emmy / ce / français. / a beaucoup aimé / département / explorer

   _____

Les réponses du quiz se trouvent dans la partie « Answer Key » aux pages 119 à 120.

The answers to the quiz can be found in the "Answer Key" section on pages 119 to 120.

Chapter 8: Gerunds and Infinitives

Ce chapitre est particulièrement pointu au niveau de la grammaire et de la théorie. Prends ton temps pour l'étudier. Emmy te racontera la suite de ses aventures à travers la France.

This chapter is particularly demanding in terms of grammar and theory. Take your time to study it. Emmy will tell you about the rest of her adventures in France.

Everything about infinitives

L'infinitif est la forme de base du verbe lorsqu'il n'est pas conjugué par une personne. Par exemple, « je mange » est la forme conjuguée de l'infinitif « manger » et c'est de ces infinitifs-là qu'on va s'intéresser.

Les infinitifs en français peuvent se terminer par **-er, -ir, -re** et **-oir**.

The infinitive is the basic form of the verb when it is not conjugated by a person. For example, "I eat" is the conjugated form of the infinitive "to eat" and it is these infinitives that we will be looking at.

French infinitives can end in **-er, -ir, -re** and **-oir**.

How and when to use an infinitive

Maintenant que tu sais ce qu'est un infinitif, nous allons apprendre à les utiliser. Tu peux les utiliser dans plusieurs types de phrases et les infinitifs n'auront pas forcément le même rôle à chaque fois.

Now that you know what an infinitive is, let's learn how to use them. You can use them in many different types of sentences, and the infinitives will not necessarily have the same role each time.

Par exemple / for example:

Je veux <u>manger</u> maintenant. = I want <u>to eat</u> now.

J'aime <u>chanter</u> avec ma sœur. = I like <u>to sing</u> with my sister.

J'espère <u>réussir</u> mes études. = I hope <u>to succeed</u> in my studies.

Dans ces trois exemples, l'infinitif est placé après le verbe conjugué. L'infinitif donne un nouveau sens au verbe conjugué. Il précise ce que la personne veut, aime ou espère notamment.

In these three examples, the infinitive is placed after the conjugated verb. The infinitive gives a new meaning to the conjugated verb. It specifies what the person wants, likes, or hopes for.

Emmy apprend <u>à dessiner</u>. = Emmy learns to draw.

Elle décide <u>de faire</u> cela. = She decides to do this.

Dans certains cas et notamment avec le verbe apprendre, l'infinitif qui suit demande un « à » devant lui pour être construit correctement. D'autres cas demandent un « de » comme avec l'exemple du verbe « décider ».

In some cases, especially with the verb to learn, the following infinitive requires an "à" before it to be constructed correctly. Other cases require a "de," as in the example of the verb "to decide."

Pour <u>grandir</u>, il faut manger de la soupe. = To grow up, you have to eat soup.

Pour <u>devenir</u> si bons, les sportifs doivent s'entrainer tous les jours. = To become so good, athletes have to train every day.

Dans ces deux exemples, les deux infinitifs demandent la préposition « pour » afin de se construire correctement.

In these two examples, both infinitives require the preposition "pour" in order to be constructed correctly.

Gerunds and how to use them

En quelques mots, le gérondif est un mode verbal qui se forme en utilisant le participe présent d'un verbe. Le participe présent du verbe « être » est « étant » par exemple. Pour former le gérondif, il faut toujours ajouter la préposition « en » devant le participe présent et le tour est joué. Le gérondif sert de complément circonstanciel. Plus simplement dit, il sert à compléter le sens de la phrase et du verbe utilisé.

In a few words, the gerund is a verbal mode formed by using the present participle of a verb. The present participle of the verb "to be" is "being," for example. To form the gerund, you always add the preposition "en" before the present participle, and that's it. The gerund serves as a circumstantial complement. Simply put, it completes the sentence's meaning and the verb used.

Quelques exemples de participes présent / Some examples of present participles:

Verbe à l'infinitif	Participe présent
Être = to be	Étant = being
Avoir = to have	Ayant = having
Manger = to eat	Mangeant = eating
Chanter = to sing	Chantant = singing
Faire = to do	Faisant = doing
Écrire = to write	Écrivant = writing
Savoir = to know	Sachant = knowing

Allumer = to turn on	Allumant = turning on
Marcher = to walk	Marchant = walking
Apprendre = to learn	Apprenant = learning
Trier = to sort out	Triant = sorting out
Parler = to speak	Parlant = speaking
Boire = to drink	Buvant = drinking
Dormir = to sleep	Dormant = sleeping

Maintenant, pour former un gérondif, il faut utiliser la préposition « en » devant le participe présent.

To form a gerund, you have to use the preposition "en" before the present participle.

Par exemple / for example:

Elle pense <u>en marchant</u>. = She thinks while walking.

Emmy cuisine <u>en chantant</u>. = Emmy cooks while singing.

Jean parle <u>en dormant</u>. = Jean talks while sleeping.

Dans ces trois exemples, le gérondif précise l'action que le sujet est en train de faire. On pourrait remplacer cette forme par « pendant que... ».

In these three examples, the gerund specifies the action that the subject is doing. This form could be replaced by "pendant que...".

Par exemple / for example:

Elle pense <u>pendant qu'</u>elle marche. = She thinks while she walks.

Emmy cuisine <u>pendant qu'</u>elle chante. = Emmy cooks while she sings.

Jean parle <u>pendant qu'il dort</u>. = John talks while he sleeps.

Le sens de la phrase ne change pas si on utilise le gérondif ou la forme « pendant que... ». Par contre, la phrase parait moins lourde en utilisant le gérondif. Donc n'hésite pas à utiliser cette forme à l'oral ou à l'écrit.

The meaning of the sentence does not change if you use the gerund or the form "pendant que...". On the other hand, using the gerund makes the sentence sound less heavy. So do not hesitate to use this form when speaking or writing.

Reading comprehension 7

Lis le texte ci-dessous en utilisant les techniques que t'as données Emmy.

Read the text below using the techniques Emmy has given you.

Après avoir visité l'Ardèche, Emmy se décide à aller à Lyon pour visiter cette grande ville. Lyon est la troisième plus grande ville du **pays**. Elle a réservé 3 nuitées dans l'auberge de jeunesse HO36 **située** dans le **quartier** de la Guillotière.

Le matin, elle va prendre son petit-déjeuner au Mãe Café et elle participe **ensuite** à la séance de yoga proposée par ce café. Elle adore manger de **copieux** petit-déjeuner et se détendre ensuite avec une bonne séance de yoga.

L'après-midi, elle prend du temps pour visiter la ville. Elle est allée voir la vue en montant jusqu'à la **Basilique** de Notre-Dame de Fourvière. Elle s'est ensuite pris une boisson **à emporter** en marchant jusqu'au musée de la miniature. En rentrant à son auberge, elle profite de **dévaler** les jolies rues et de **traverser** le Rhône sur le **pont**.

Translation of reading comprehension 7

After visiting Ardèche, Emmy decided to go to Lyon to visit this great city. Lyon is the third largest city in the country. She booked 3 nights in the HO36 youth hostel located in the Guillotière district.

In the morning, she goes to Mãe Café for breakfast, and then she participates in the yoga session offered by this café. She loves to eat a hearty breakfast and then relax with a good yoga session.

In the afternoon, she takes time to visit the city. She went up to the basilica of Notre-Dame de Fourvière to see the view. She then took a drink with her as she walked to the miniature museum. On the way back to her hostel, she enjoyed walking down the pretty streets and crossing the Rhône on the bridge.

Vocabulary list 7

Afin que tu améliores ton vocabulaire, Emmy a surligné quelques mots dans le texte qu'elle trouve important que tu apprennes.

To help you improve your vocabulary, Emmy has highlighted some words in the text that she thinks are important for you to learn.

Français	English
Le pays	The country
Situé	Located
Le quartier	The district
Ensuite	Then
Copieux	Hearty
La basilique	The Basilica
À emporter	To take away
Dévaler	To go down / to walk down
Traverser	To cross
Le pont	The bridge

Questions to reading comprehension 7
Réponds aux questions ci-dessous.
Answer the questions below.
1. Cite 3 gérondifs qui se trouvent dans le texte.
   _____

2. Cite 3 verbes à l'infinitif dans le texte.
   _____

3. Combien de nuits a-t-elle réservée à Lyon?
   _____

4. Quel sport a pratiqué Emmy pendant son séjour à Lyon?
   _____

5. Selon le texte, quel fleuve traverse la ville de Lyon?
   _____

Les réponses se trouvent dans la partie « Answer Key » à la page 120.

The answers can be found in the "Answer Key" section on page 120.

Exercises section

Dans cette section d'exercices, tu trouveras divers exercices de grammaire, conjugaison et vocabulaire pour ainsi pouvoir t'exercer.

In this exercise section, you will find various grammar, conjugation, and vocabulary exercises for you to practice.

Exercise 11

Transforme les phrases ci-dessous afin d'utiliser le gérondif.

Transform the sentences below by using the gerund.

1. Emmy pense à sa famille pendant qu'elle voyage.
   _____

2. Elle écrit ses aventures dans un carnet pendant qu'elle pense à son petit frère.
   _____

3. Jean marche pendant qu'il raconte une histoire à Emmy.
   _____

4. Il chante pendant qu'il se douche.
_____

5. Emmy réfléchit pendant qu'elle fait un gâteau.
_____

Les réponses se trouvent dans la partie « Answer Key » à la page 120.

The answers can be found in the "Answer Key" section on page 120.

Exercice 12

Trouve les verbes à l'infinitif des participes présents.

Find the infinitive verbs of the present participles.

Verbe à l'infinitif	Participe présent
	Dansant
	Discutant
	Croyant
	Partant
	Commandant
	Devant
	Courant
	Finissant
	Décorant
	Préparant

	Prenant
	Conduisant
	Apprenant
	Regardant
	Dessinant

Les réponses se trouvent dans la partie « Answer Key » à la page 120.

The answers can be found in the "Answer Key" section on page 120.

Did you know…?

Est-ce que tu savais qu'à Lyon, il y a le meilleur restaurant végétarien au monde?

En effet, en 2020, le restaurant Culina Hortus situé en ville de Lyon a été élu meilleur restaurant végétarien au monde. Le chef, Adrien Zedda, propose toutes sortes de plats gastronomiques à base de végétaux. Il cuisine selon les saisons avec des produits de grande qualité.

Si tu souhaites y manger un jour, réserve bien à l'avance car le restaurant est généralement complet plusieurs mois à l'avance.

Did you know that Lyon has the best vegetarian restaurant in the world?

Indeed, in 2020, the Culina Hortus restaurant in the city of Lyon was elected the best vegetarian restaurant in the world. The chef, Adrien Zedda, offers all kinds of gastronomic dishes based on plants. He cooks according to the seasons with high-quality products.

If you want to eat there one day, book well in advance as the restaurant is usually full several months in advance.

Chapter 9: The Passive and the Conditional

L'automne arrive en France et les récoltes de raisins débutent dans la Bourgogne. Emmy s'est trouvée un nouveau travail là-bas et elle va te raconter ce qu'elle fait au quotidien tout en t'introduisant les thèmes du conditionnel et de la forme passive.

Autumn is coming to France, and the grape harvest is starting in Bourgogne. Emmy has found a new job there, and she is going to tell you what she does on a daily basis while introducing you to the topics of conditional and passive forms.

The passive form

En français, selon comment la phrase est construite, on dit qu'elle est à la forme active ou à la forme passive. La force active, comme tu sais déjà, c'est la forme de base. Elle est construite comme ceci: sujet + verbe + complément. Le sujet réalise l'action.

La forme passive est un peu plus compliquée et nous allons nous concentrer sur celle-ci. Lorsqu'on rédige une phrase au passif, le sujet ne réalise pas l'action du verbe mais il subit l'action.

In French, depending on how the sentence is constructed, it is said to be in the active or passive form. The active form, as you already know, is the basic form. It is constructed like this: subject + verb + complement. The subject performs the action.

The passive form is a bit more complicated, and we will focus on this one. When you write a sentence in the passive form, the subject does not perform the action of the verb but undergoes the action.

Par exemple / for example:

Emmy récolte le raisin. = **forme active** / Emmy picks the grapes = active form

Le raisin est récolté <u>par Emmy</u>. = **forme passive** / The grapes are picked by Emmy = passive form

Comme tu peux le remarquer dans l'exemple ci-dessus pour la forme active, le sujet « Emmy » réalise l'action de récolter le raisin. Par contre, à la forme passive, le sujet « le raisin » subit l'action réalisée par le complément « par Emmy ».

As you can see in the example above for the active form, the subject "Emmy" performs the action of harvesting the grapes. In the passive form, however, the subject "the grape" undergoes the action performed by the complement - "by Emmy."

From active to passive

Une phrase à la voix active peut être transformée à la voix passive. Pour cela, il faut analyser le temps verbal utilisé dans la phrase à la voix active. Pour conjuguer un verbe au passif, il faut utiliser l'auxiliaire être et ajouter le participe passé.

Ce qu'il faut retenir, c'est que le complément de la phrase à la voix active devient le sujet dans la nouvelle phrase à la voix passive. Aussi, le sujet initial de la phrase active peut parfois être complétement supprimé ou alors être introduit par un complément d'agent. Le complément d'agent se reconnait facilement car il est toujours composé de « par ... ».

A sentence in the active voice can be transformed into the passive voice. To do this, we need to analyze the verb tense used in the active voice sentence. To conjugate a verb in the passive voice, you have to use the auxiliary *to be* and add the past participle.

The important thing to remember is that the complement of the sentence in the active voice becomes the subject in the new sentence in the passive voice. Also, the original subject of the active sentence can sometimes be completely deleted or introduced by an agent complement. The agent complement is easy to recognize because it is always composed of "by ...".

Par exemple / for example:

Emmy effectue le travail. = forme active / Emmy does the work. = active form

Le travail est effectué <u>par Emmy</u>. = forme passive / The work is done <u>by Emmy</u>. = passive form

Emmy mange les pommes. = forme active / Emmy eats apples. = active form

Les pommes sont mangées <u>par Emmy</u>. = forme passive / The apples are eaten <u>by Emmy</u>. = passive form

Emmy rangeait la vaisselle. = forme active / Emmy was putting the dishes away. = active form

La vaisselle avait été rangée <u>par Emmy</u>. = forme passive / The dishes had been put away <u>by Emmy</u>. = passive form

Pour t'aider, Emmy a réalisé un tableau qui t'indique quel temps verbal tu dois utiliser pour mettre une phrase à la voix passive.

In order to help you, Emmy has made a table that tells you which tense to use to put a sentence in the passive voice.

Temps verbaux à l'actif	Temps verbaux au passif
Présent	Passé composé
Imparfait	Plus-que-parfait
Futur	Futur antérieur
Passé simple	Passé antérieur

The conditional

Le conditionnel est un mode verbal très important. Comme tu le sais déjà, le conditionnel possède deux temps différents: le conditionnel présent et le conditionnel passé.

The conditional tense is a very important verbal mode. As you already know, the conditional has two different tenses: the present conditional and the past conditional.

To express the future in the past

Ces temps verbaux servent à exprimer une éventualité, un désir, quelque chose d'imaginaire mais il peut aussi exprimer le futur dans le passé.

Exprimer le futur dans le passé parait être une notion bien compliquée et pourtant, quand tu comprendras ce que cela veut dire, ça prendra tout son sens. En quelques mots, exprimer le futur dans le passé veut dire qu'on exprime quelque chose du passé qui aurait pu se passer dans un futur.

These tenses are used to express a possibility, a desire, or something imaginary, but they can also express the future in the past.

Expressing the future in the past seems to be a very complicated notion, but once you understand what it means, it will make sense. In a few words, expressing the future in the past means expressing something from the past that could have happened in the future.

Par exemple / for example:

Si j'avais su à quel point les examens étaient faciles, je n'aurais pas arrêté mes études.

If I had known how easy the exams were, I would not have stopped my studies.

Dans cet exemple, on exprime dans la première partie de la phrase un regret au passé. La deuxième partie de la phrase est une éventualité qui aurait pu se passer dans le futur. Comme tu peux le voir, pour créer cette forme de phrase, il faut utiliser la forme « **si + verbe au plus-que-parfait + , + suite de la phrase avec verbe au conditionnel passé** ».

In this example, the first part of the sentence expresses a regret in the past tense. The second part of the sentence is a possibility that could have happened in the future. As you can see, to create this sentence form, you need to use the form "**if + verb in the past perfect +, + continuation of the sentence with a verb in the past conditional.**"

To express a desire

L'usage le plus fréquent du conditionnel reste celui pour exprimer un désir. Il est donc judicieux d'utiliser les verbes « aimer, souhaiter, vouloir, pouvoir » car ces verbes expriment tous un désir / une envie.

En mettant ces verbes au conditionnel présent, la phrase gagne en politesse. On utilise donc souvent cette tournure de phrase quand on demande quelque chose au restaurant par exemple.

The most frequent use of the conditional is to express a desire. It is, therefore, wise to use the verbs "to like, to wish, to want, to can" because these verbs all express a desire / a wish.

By putting these verbs in the present conditional, the sentence becomes more polite. This is often used when asking for something in a restaurant, for example.

Par exemple / for example:

Je souhaiterais un verre de vin. = I would like a glass of wine.

Je voudrais un dessert. = I would like a dessert.

J'aimerais une soupe à la courge. = I would like pumpkin soup.

Quant à lui, le verbe « pouvoir » au conditionnel s'utilise pour poser une question polie.

The verb "may" in the conditional tense is used to ask a polite question.

Par exemple / for example:

Est-ce que je pourrais avoir l'addition s'il vous plait? = Could I have the bill please?

Pourrais-je avoir une carafe d'eau s'il vous plait? = Could I have a jug of water please?

Reading comprehension 8

Lis le texte ci-dessous en utilisant les techniques que t'as données Emmy.

Read the text below using the techniques Emmy has given you.

Emmy s'est rendue à Beaune pour travailler dans les **vignes**. Après avoir visité quelques endroits en France, elle souhaitait travailler à nouveau. Le vin est très **réputé** en France et elle s'est dit que ça serait une excellente idée de travailler quelques temps dans ce **domaine**.

Tous les matins, elle se réveille à 05h00 pour se rendre dans les vignes. Le travail commence très tôt car il fait souvent trop chaud l'après-midi pour continuer le travail **jusqu'à** 16h00. Elle travaille donc de 05h30 à 13h30 tous les jours de la semaine, sauf le dimanche. Sa **tâche** principale est de cueillir le **raisin** sur les vignes. Elle accroche un grand sac sur son dos et elle avance de vigne en vigne pour récolter le raisin **mûr**.

Grâce à ce travail, elle gagnera suffisamment d'argent pour visiter d'autres endroits en France. Elle souhaiterait aller au sud pour visiter Toulouse et Montpellier. Là-bas, elle aimerait rencontrer d'autres jeunes qui voyage comme elle.

Translation to reading comprehension 8

Emmy went to Beaune to work in the vineyards. After visiting a few places in France, she wanted to work again. Wine is very famous in France, and she thought it would be a great idea to work in this area for a while.

Every morning she wakes up at 5am to go to the vineyards. The work starts very early because it is often too hot in the afternoon to continue working until 4pm. She, therefore, works from 5.30 a.m. to 1.30 p.m. every day of the week except Sunday. Her main task is to pick grapes from the vines. She hangs a large bag on her back and walks from vine to vine to pick the ripe grapes.

Through this work, she will earn enough money to visit other places in France. She would like to go south to visit Toulouse and Montpellier. There she would like to meet other young people who travel like her.

Vocabulary list 8

Afin de faciliter ta compréhension de texte, Emmy a surligné quelques mots dans le texte qu'elle trouve important que tu apprennes. En les répétant à haute voix, tu pourras améliorer ta prononciation aussi.

To help you understand the text, Emmy has highlighted some words in the text that she thinks are important for you to learn. By repeating them out loud, you can improve your pronunciation too.

Français	English
La vigne	The vine, the vineyards
Réputé	Famous
Le domaine	The area
Jusqu'à	Until
La tâche	The task
Le raisin	The grape
Mûr	Ripe

Questions to reading comprehension 8

Réponds aux questions ci-dessous.

Answer the questions below.

1. Cite 3 verbes conjugués au conditionnel dans le texte.

   _____

2. Combien de jours par semaine est-ce qu'Emmy travaille?

   _____

3. Quelle est sa tâche principale au travail?

   _____

4. Quel est son but grâce à ce travail?

   _____

5. Dans quelle région souhaite-t-elle continuer à voyager?

   _____

Les réponses se trouvent dans la partie « Answer Key » à la page 120.

The answers can be found in the "Answer Key" section on page 120.

Exercises section

Dans cette section d'exercices, tu trouveras divers exercices de grammaire, conjugaison et vocabulaire pour ainsi pouvoir t'exercer.

In this exercise section, you will find various grammar, conjugation, and vocabulary exercises for you to practice.

Exercise 13

Transforme les phrases de la voix active à la voix passive.

Change the sentences from active to passive voice.

1. Emmy prépare le repas pour elle et ses collègues.
   _____

2. Le collègue d'Emmy nettoie la vaisselle.
   _____

3. Emmy et ses collègues partagent une grande maison.
   _____

4. Emmy fait la lessive une fois par semaine.
   _____

5. L'entreprise produit du très bon vin.
   _____

Les réponses se trouvent dans la partie « Answer Key » à la page 120.

The answers can be found in the "Answer Key" section on page 120.

Exercise 14

Rédige ta liste de souhaits en utilisant les verbes au conditionnel. Écris-en au moins 5.

Write your wish list using conditional verbs. Write at least 5 wishes.

_____
_____
_____
_____
_____
_____
_____
_____

Les réponses se trouvent dans la partie « Answer Key » à la page 120.

The answers can be found in the "Answer Key" section on page 120.

Did you know...?

Savais-tu que la France avait une loi par rapport au salaire minimum? Le salaire minimum de quelqu'un qui travaille en France est de 11,27€ de l'heure. Cela fait un revenu de 1709,28€ par mois. On appelle ce revenu le « SMIC ».

Did you know that France has a minimum wage law? The minimum wage for someone working in France is 11.27€ per hour. That's an income of 1709,28€ per month. This income is called the "SMIC."

Chapter 10: From Direct to Indirect Speech

Dans ce chapitre, Emmy et toi allez vous concentrer sur le discours direct et indirect. Comme à son habitude, Emmy te partagera les rebondissements de son expérience en France.

In this chapter, you and Emmy will focus on direct and indirect speech. As usual, Emmy will share with you the twists and turns of her experience in France.

Direct speech

Le discours direct est une forme de discours qui sert à rapporter une phrase sans y apporter aucune modification. On retransmet exactement la parole comme elle a été dite ou écrite. On l'utilise par exemple dans les articles de journaux pour rapporter le discours lors d'un interview.

Quand on rapporte un discours direct, on utilise souvent des verbes introducteurs comme: dire, déclarer, affirmer, raconter, s'exclamer,...

Direct speech is a form of speech used to report a sentence without making any changes to it. The speech is reported exactly as it was spoken or written. It is used, for example, in newspaper articles to report the speech in an interview.

When reporting direct speech, introductory verbs are often used, such as: to say, to declare, to affirm, to tell, to exclaim, etc.

Par exemple / for example:

J'ai faim. = Emmy dit: "j'ai faim". / I am hungry = Emmy says: "I am hungry."

J'ai envie d'aller visiter Toulouse. = Emmy raconte: "j'ai envie d'aller visiter Toulouse". / I want to go and visit Toulouse. = Emmy tells : "I want to go and visit Toulouse".

Dans les deux exemples ci-dessus, tu remarques que le discours est rapporté de manière directe car il n'y a aucune modification dans les paroles dites par Emmy. Quand on utilise le discours direct, il est nécessaire d'utiliser les deux points superposés et les guillemets.

In the two examples above, you notice that the speech is reported in a direct way because there is no change in the words spoken by Emmy. When using direct speech, it is necessary to use a colon and quotation marks.

Indirect speech

Le discours indirect ressemble un peu au discours direct mais possède tout de même des différences. Dans le discours indirect, on ne rapporte pas exactement la même phrase qui a été dite ou écrite. Le sens de la phrase n'est pas modifié mais elle est écrite ou prononcée d'une manière différente. Aussi, les marques de ponctuation typique au discours direct ne sont pas utilisées pour le discours indirect. On ne met donc pas les deux points superposés, ni les guillemets.

Indirect speech is somewhat similar to direct speech, but there are differences. In indirect speech, you do not report exactly the same sentence that was said or written. The meaning of the sentence is not changed, but it is written or spoken in a different way. Also, the punctuation marks typical of direct speech are not used in indirect speech. Thus, colons and inverted commas are not used.

Par exemple / for example:

Emmy a hâte de revoir sa famille. / Emmy is looking forward to seeing her family again. = Elle m'a dit qu'elle avait hâte de revoir sa famille. / She told me that she was looking forward to seeing her family again.

Emmy se réjouit de visiter Toulouse. / Emmy is looking forward to visiting Toulouse. = Elle m'a dit qu'elle se réjouissait de visiter Toulouse. / She told me that she was looking forward to visiting Toulouse.

Comme tu peux le voir dans les exemples ci-dessus, les phrases rapportées au discours indirectes possède le même sens de base mais ne sont pas construite de la même façon. Dans la première phrase, on remarque que le temps verbal est le présent. Dans sa traduction en discours indirect, on remarque que le temps utilisé est l'imparfait.

As you can see from the examples above, the sentences reported in indirect speech have the same basic meaning but are not constructed in the same way. In the first sentence, you can see that the verbal tense is present. In the indirect speech translation, the tense is the imperfect tense.

Emmy t'a fait un petit tableau pour que tu puisses savoir comment transformer les temps verbaux du discours direct au discours indirect.

Emmy has made a little table for you so that you can find out how to change the verbal tenses from direct to indirect speech.

Transformation des temps verbaux / Transformation of verbal tenses	
Discours direct	**Discours indirect**
Présent	Imparfait
Passé composé	Plus-que-parfait
Futur	Conditionnel présent
Futur antérieur	Conditionnel passé

Imparfait	Imparfait
Passé simple	Passé simple

Reading comprehension 9

Lis le texte ci-dessous en utilisant les techniques que t'as données Emmy.

Read the text below using the techniques Emmy has given you.

Emmy **a pris le temps** d'appeler ses parents la semaine passée. Cela faisait longtemps qu'elle ne leur avait pas donné de **nouvelles**. Elle leur a raconté son travail dans les vignes et ses futurs plans de voyage dans le sud de la France.

Emmy a raconté: "Je vais encore travailler 2 semaines dans les vignes et ensuite, je partirai 5 jours à Montpellier, puis 3 jours à Toulouse ».

Ses parents et son petit frère sont très heureux pour elle et **enthousiastes** à l'idée qu'elle puisse découvrir autant de choses cette année. Ils sont aussi très **fiers** d'elle car à son âge, ce n'est pas facile de tout quitter et de recommencer **ailleurs**. Ils ont envie de venir en France pour Noël afin qu'ils puissent profiter en famille pendant 15 jours. Ils ont donc prévus d'acheter prochainement leurs billets d'avion et de réserver un chalet à Chamonix pour faire du ski, **des raquettes**, de la randonnée et de **la luge** tous ensemble.

Translation to reading comprehension 9

Emmy took the time to call her parents last week. It had been a long time since she had given them news. She told them about her work in the vineyards and her future plans to travel to the south of France.

Emmy said, "I am going to work in the vineyards for 2 more weeks, and then I will go to Montpellier for 5 days, and then 3 days to Toulouse.

Her parents and little brother are very happy for her and excited that she will be able to experience so much this year. They are also very proud of her because, at her age, it is not easy to leave everything and start again somewhere else. They want to come to

France for Christmas so that they can enjoy a fortnight with their family. So they are planning to buy their plane tickets soon and book a chalet in Chamonix to go skiing, snowshoeing, hiking, and sledding together.

Vocabulary list 9

Pour améliorer ton vocabulaire, Emmy te propose d'apprendre les mots de la liste ci-dessous. N'hésite pas à les écrire pour mieux les assimiler. Tu peux aussi les répéter en t'enregistrant sur ton portable pour écouter et analyser ta prononciation.

To improve your vocabulary, Emmy suggests you learn the words in the list below. Do not hesitate to write them down to help you learn them. You can also repeat them by recording yourself on your mobile phone to listen and analyze your pronunciation.

Français	English
Prendre le temps	To take the time
Les nouvelles	The news
Enthousiaste	Excited / enthusiastic
Fier, fière	Proud
Ailleurs	Somewhere else
Faire des raquettes	To go snowshoeing
Faire de la luge	To go sledding

Questions to reading comprehension 9

Réponds aux questions ci-dessous.

Answer the questions below.

1. Dans la phrase: Emmy a raconté: "Je vais encore travailler 2 semaines dans les vignes et ensuite, je partirai 5 jours à Montpellier, puis 3 jours à Toulouse », est-ce qu'il s'agit d'un discours direct ou indirect?

   _____

2. Cite 3 adjectifs dans le texte qui qualifient comment les proches d'Emmy sont à son égard.

   _____

3. Quand est-ce que la famille d'Emmy va venir en France?

   _____

4. Quelles sont les activités sportives qu'ils feront à la montagne?

   _____

5. Combien de jours est-ce qu'Emmy part dans le sud?

   _____

Les réponses se trouvent dans la partie « Answer Key » à la page 121.

The answers can be found in the "Answer Key" section on page 121.

Exercise section

Dans cette section d'exercices, tu trouveras divers exercices de grammaire, conjugaison et vocabulaire pour ainsi pouvoir t'exercer.

In this exercise section, you will find various grammar, conjugation, and vocabulary exercises for you to practice.

Exercise 15

Rapporte les phrases du discours direct au discours indirect.

Report sentences from direct speech to indirect speech.

1. Emmy dit: "je me réjouis de retrouver ma famille pendant les vacances de Noël ".

   _____

2. Emmy affirme: "j'ai beaucoup aimé travailler dans les vignes ".

_____

3. Emmy a raconté: "mon moment préféré en France est quand nous sommes allés faire du canoë en Ardèche ".

_____

4. Les parents d'Emmy disent: "nous sommes très fiers de toi".

_____

5. Jean, l'ami d'Emmy, dit: "j'espère pouvoir te revoir un jour".

_____

Les réponses se trouvent dans la partie « Answer Key » à la <u>page 121</u>.

The answers can be found in the "Answer Key" section on <u>page 121</u>.

Exercise 16

Traduis les phrases ci-dessous.

Translate the sentences below.

1. Emmy's parents are coming to France from the 20th of December to the 3rd of January.

_____

2. The chalet they rented costs 1000 euros per week.

_____

3. They will drink hot chocolate every day.

_____

4. Emmy's little brother will take ski lessons.

_____

5. Perhaps Jean will join Emmy and her family in Chamonix.

_____

Les réponses se trouvent dans la partie « Answer Key » à la <u>page 121</u>.

The answers can be found in the "Answer Key" section on <u>page 121</u>.

Did you know...?

Est-ce que tu savais que Chamonix est une station de ski de luxe?

Des touristes du monde entier vont à Chamonix pour admirer le Mont Blanc depuis le centre-ville. Le Mont Blanc est un des sommets les plus haut d'Europe. Il mesure 4807 mètres d'altitude. Chaque année, il y a environ 20000 alpinistes qui se rendent au sommet.

Attention, si tu n'es pas un alpiniste expérimenté, n'essaie pas de t'attaquer à ce sommet!

Did you know that Chamonix is a luxury ski resort?

Tourists from all over the world come to Chamonix to see Mont Blanc from the town center. Mont Blanc is one of the highest peaks in Europe. It is 4807 meters high. Every year, there are about 20,000 climbers who go to the summit.

Beware, if you are not an experienced mountaineer, do not try to tackle this peak!

Chapter 11: Phrasal Verbs and Other Useful Idioms

Dans ce chapitre un peu particulier, Emmy va t'introduire des expressions et des clichés sur la France. Elle va te les partager par la biais d'exercices de lecture. Utilise donc bien toutes les techniques qu'elle t'a appris pour que tu puisses comprendre un maximum d'informations.

In this special chapter, Emmy will introduce you to expressions and clichés about France. She will share them with you through reading exercises. Make sure you use all the techniques she has taught you so that you can understand as much information as possible.

Reading comprehension 10

Lis le texte ci-dessous en utilisant les techniques que t'as données Emmy.

Read the text below using the techniques Emmy has given you.

Emmy a entendu pleins de clichés au cours de ses aventures en France. L'un d'eux est à propos de **la gastronomie**. Avant de venir en France, quand elle regardait un film français, elle s'attendait à ce que tous les français soient de fin gourmets. Pourtant, ce n'est pas le cas.

Bien **évidemment**, la gastronomie française est excellente mais ses habitants mangent aussi des choses simples comme dans les autres pays.

Ce qu'elle a trouvé le plus **étonnant** dans la cuisine française, c'est à quel point les gens mangent **énormément** de viande. Elle qui est **pratiquement** végétarienne, elle était surprise de manger de la viande à midi et le soir lorsqu'elle travaillait dans le restaurant à Biarritz et dans les vignes.

Pendant son voyage, elle a goûté différentes spécialités qu'elle n'aurait jamais penser un jour. Elle a mangé des cuisses de grenouilles, des escargots au beurre à l'ail, du coq au vin,...

Elle a aimé tout ce qu'elle a goûté mais elle aurait aimé retrouver une cuisine un peu plus végétale. Heureusement, dans toutes les grandes villes qu'elle a visité, elle a toujours réussi à trouver un restaurant proposant de bonnes salades, des pâtes aux légumes ou des hamburgers végétariens.

Translation of reading comprehension 10

Emmy has heard many clichés during her adventures in France. One of them is about food. Before coming to France, when she watched a French movie, she expected all French people to be gourmets. However, this is not the case.

Of course, French gastronomy is excellent, but its inhabitants also eat simple things, like in other countries.

What she found most surprising about French cuisine was how much meat people eat. As an almost vegetarian, she was surprised to eat meat at lunch and dinner when she worked in the restaurant in Biarritz and in the vineyards.

During her trip, she tasted different specialties that she would never have thought of. She ate frog legs, snails with garlic butter, and chicken in wine sauce...

She liked everything she tasted, but she would have liked to have found a more vegetable-based cuisine. Fortunately, in all the big cities she visited, she always managed to find a restaurant with good salads, vegetable pasta, or vegetarian burgers.

Vocabulary list 10

Emmy a surligné quelques mots dans le texte qu'elle trouve important que tu apprennes. Si tu ne les connais pas déjà, fais-toi des cartes et répètes-les régulièrement. Elle a aussi décidée de rajouter d'autres mots et d'autres phrases que tu pourras toi-même utiliser lorsque tu iras manger dans un restaurant en France.

Emmy has highlighted some words in the text that she thinks are important for you to learn. If you do not already know them, make flashcards and review them regularly. She also decided to add other words and phrases that you can use yourself when you go to eat in a restaurant in France.

Français	English
La gastronomie	The gastronomy (cuisine)
Évidemment	Of course / obviously
Étonnant	surprising
Énormément	How much / enormously
Pratiquement	Almost
Est-ce que je pourrais avoir l'addition, s'il vous plait?	Can I have the bill, please?
Quel est le menu du jour?	What is on the menu today?
Quelle est votre spécialité?	What is your specialty?
Le pourboire	The tip
Quel vin me conseillez-vous?	Which wine do you recommend?

Avez-vous des alternatives sans gluten?	Do you have any gluten-free alternatives?
D'où provient la viande?	Where does the meat come from?
Est-ce que la nourriture est produite localement?	Is the food produced locally?
Est-ce que le poisson est frais de ce matin?	Is the fish fresh from this morning?
Est-ce qu'il vous reste une table pour 5 personnes?	Do you have a table for 5 people?

Questions to reading comprehension 10

Réponds aux questions ci-dessous.

Answer the questions below.

1. Qu'est-ce que les français mangent beaucoup?
   _____

2. Est-ce qu'Emmy aurait préféré manger plus ou moins de viande?
   _____

3. Quand est-ce qu'elle mangeait 2 fois par jour de la viande?
   _____

4. Où est-ce qu'elle a pu manger des repas végétariens?
   _____

5. Quel est le cliché sur les français qu'Emmy croyait avant de venir en France?
   _____

Les réponses se trouvent dans la partie « Answer Key » à la page 121.

The answers can be found in the "Answer Key" section on page 121.

Reading comprehension 11

Lis le texte ci-dessous en utilisant les techniques que t'as données Emmy.

Read the text below using the techniques Emmy has given you.

Avant de voyager en France, Emmy avait entendu des **rumeurs** disant que les **habitants** à Paris n'étaient pas très **sympathiques**. Elle **appréhendait** donc le début de son voyage car elle commençait par visiter la capitale en prenant des cours de français sur place.

Pourtant, quand elle a atterri à Paris, elle a tout de suite rencontrer des personnes **formidables**. Les parisiens ont toujours été très **accueillant** avec elle. Lorsqu'elle avait des questions pour prendre le métro ou le bus, des **passants** l'aidaient très volontiers.

À la boulangerie proche de son école de langue, le vendeur l'a aidé les premiers jours lorsqu'elle voulait commander un croissant. Il lui a expliqué les différences entre les pains et les brioches. Il l'a même aidé pour la prononciation.

D'ailleurs pendant son séjour à Paris, elle a regardé la série sur Netflix « Emily in Paris » et elle a pu reconnaître certains clichés qui l'ont fait beaucoup rigoler.

Translation of reading comprehension 11

Before traveling to France, Emmy had heard rumors that the inhabitants of Paris were not very friendly. So she was apprehensive about starting her trip because she was going to visit the capital first and take French classes there.

However, when she landed in Paris, she immediately met some great people. Parisians were always very welcoming to her. When she had questions about taking the metro or the bus, passers-by were very willing to help her.

At the bakery near her language school, the shop assistant helped her the first few days when she wanted to order a croissant. He explained the differences between bread and buns. He even helped her with pronunciation.

Moreover, during her stay in Paris, she watched the Netflix series "Emily in Paris" and was able to recognize some clichés that made her laugh a lot.

Vocabulary list 11

Voici quelques mots à apprendre pour parfaire ton vocabulaire. N'hésite pas à en faire des cartes pour faciliter ton apprentissage.

Here are some words to learn to improve your vocabulary. Do not hesitate to make flashcards to help you learn them.

Français	English
La rumeur	The rumor
L'habitant	The inhabitant
Sympathique	Friendly
Appréhender	To apprehend
Pourtant	However
Formidable	Great / wonderful
Accueillant	Welcoming
Le passant, la passante	The passer-by

Questions to reading comprehension 11

Réponds aux questions ci-dessous.

Answer the questions below.

1. Est-ce que le cliché sur les parisiens est vrai selon Emmy?

   _____

2. Est-ce qu'elle était sereine à l'idée de commencer son voyage par Paris?

   _____

3. Où était située la boulangerie où elle mangeait des croissants?

   _____

4. Comment sont les parisiens selon l'expérience d'Emmy?
   _____

5. Dans quelle situation est-ce qu'Emmy a reçu de l'aide des passants?
   _____

Les réponses se trouvent dans la partie « Answer Key » à la page 121.

The answers can be found in the "Answer Key" section on page 121.

Reading comprehension 12

Lis le texte ci-dessous en utilisant les techniques que t'as données Emmy.

Read the text below using the techniques Emmy has given you.

Quand Emmy pensait à la France, elle n'**avait** que la Tour Eiffel **en tête**. Comme elle n'avait jamais visité ce pays, elle ne savait pas trop à quoi **s'attendre** et quand elle parlait à son entourage, les gens ne **citaient** que Paris, Les Champs-Elysées, Notre-Dame de Paris et la Tour Eiffel.

Finalement, en arrivant en France, Emmy a trouvé que cette image de la France était très **réductrice**. La France **regorge** de villes plus intéressantes les unes que les autres. Bien sûr, elle trouve que la Tour Eiffel est très belle mais elle a vu tellement d'autres endroits remplis de **charme** à Paris et ailleurs en France.

Elle a d'ailleurs même **rédigée** une liste de ses endroits préférés. Parmi eux figurent la rivière de l'Ardèche, les Gorges du Verdon, les vignes dans la Bourgogne, la place Bellecour à Lyon, la vue sur le Mont-Blanc depuis Chamonix,...

Dorénavant, lorsqu'elle rentrera en Nouvelle-Zélande et qu'elle parlera de son voyage, elle racontera toutes les merveilleuses choses qu'elle a pu découvrir. Elle ne s'arrêtera pas uniquement à la Tour Eiffel.

Translation of reading comprehension 12

When Emmy thought of France, all she could think of was the Eiffel Tower. As she had never visited the country, she was not sure what to expect, and when she spoke to people around her, they would only mention Paris, the Champs-Elysées, Notre-Dame de Paris, and the Eiffel Tower.

Finally, when she arrived in France, Emmy found that this image of France was very simplistic. France is full of cities, each more interesting than the last. Of course, she thinks the Eiffel Tower is beautiful, but she has seen so many other charming places in Paris and elsewhere in France.

She has even written a list of her favorite places. These include the river Ardèche, the Gorges du Verdon, the vineyards in Bourgogne, the Place Bellecour in Lyon, and the view of Mont

Blanc from Chamonix...

From now on, when she returns to New Zealand and talks about her trip, she will tell about all the wonderful things she discovered. She would not just speak about the Eiffel Tower.

Vocabulary list 12

Améliore ton vocabulaire en apprenant les mots de la liste ci-dessous ! En les révisant régulièrement, tu les maitriseras parfaitement.

Improve your vocabulary knowledge by learning the words in the list below! By reviewing them regularly, you will master them perfectly.

Français	**English**
Avoir en tête	To think of
S'attendre	To expect
Citer	To mention
Réducteur, réductrice	Simplistic / reductive
Regorger	To be full of
Charme	Charming
Rédiger	To write
Dorénavant	From now on

Questions to reading comprehension 12

Réponds aux questions ci-dessous.

Answer the questions below.

1. Quel est le monument dont Emmy avait entendu parler le plus avant son voyage?

----

2. Est-ce qu'elle trouve que ce cliché donne une bonne image de la France?

   _____

3. Cite 3 adjectifs qui apparaissent dans le texte.

   _____

4. Comment va-t-elle raconter son voyage à son retour en Nouvelle-Zélande?

   _____

5. Est-ce qu'elle a quand même aimé visiter la Tour Eiffel?

   _____

Les réponses se trouvent dans la partie « Answer Key » à la page 121.

The answers can be found in the "Answer Key" section on page 121.

French expressions

Pendant son séjour à l'étranger, Emmy a remarqué que les français utilisaient beaucoup d'expressions qui sont très différentes de celles qu'elle connait en anglais. Elle t'a fait une petite liste des plus courantes.

During her stay abroad, Emmy noticed that the French use many expressions that are very different from those she knows in English. She has made you a short list of the most common ones.

Expression en français	Sens de l'expression
Avoir un coup de foudre	To fall in love at first sight
Tomber dans les pommes	To faint
Il pleut des cordes	It is raining cats and dogs
Appeler un chat, un chat	To name something by their name
Se jeter dans la gueule du loup	To expose yourself to danger
Ce n'est pas la mer à boire	It is not a big deal
Avoir un coup de barre	To be tired
Poireauter	To wait
Avoir un cœur d'artichaut	To fall in love really quickly
Avoir le cœur sur la main	To be generous
Sécher les cours	To skip school

N'hésite pas à rechercher d'autres expressions en français qui pourraient t'être utile. Il y en a pleins sur internet : https://www.laculturegenerale.com/expressions-francaises-liste/

Do not hesitate to look for other French expressions that might be useful. There are plenty of them on the internet: https://www.laculturegenerale.com/expressions-francaises-liste/

Exercises section

Dans cette section d'exercices, tu trouveras divers exercices de grammaire, conjugaison et vocabulaire pour ainsi pouvoir t'exercer.

In this exercise section, you will find various grammar, conjugation, and vocabulary exercises to practice.

Exercice 17

Relie les expressions à la bonne définition. Si tu ne les connais pas toutes, n'hésite pas à les ajouter dans tes listes de vocabulaire.

Link the words to the correct definition. If you do not know them all, feel free to add them to your vocabulary lists.

Avoir la pêche	•	• Gagner suffisamment d'argent pour bien vivre
Avoir les yeux plus gros que le ventre	•	• Dormir tard le matin
Il fait un froid de canard	•	• Être en forme / de bonne humeur
Filer à l'anglaise	•	• Partir en douce
Être un faux jeton	•	• Être gourmand
Faire la grasse matinée	•	• Se faire duper
Se faire rouler dans la farine	•	• Ne pas se rendre au rendez-vous
L'habit ne fait pas le moine	•	• Être ambitieux
Joindre les deux bouts	•	• Il fait très froid
Avoir les dents longues	•	• Être un menteur / un hypocrite
Poser un lapin	•	• Les apparences sont trompeuses

Les réponses se trouvent dans la partie « Answer Key » à la page 121.

The answers can be found in the "Answer Key" section on page 121.

Exercise 18

Place les verbes de la liste ci-dessous dans la phrase pour qu'elle ait du sens. Attention, il faut que tu les conjugues de la bonne manière.

Using the following list, place the verbs into the sentence so that it makes sense. Be careful; you have to conjugate them in the right way.

La liste de verbes: manger / ne pas oublier / faire / parcourir / travailler / rejoindre / prévoir / aimer / tomber / skier

1. Emmy _____ cinq fruits et légumes par jour pour être en bonne santé.
2. Emmy _____ toute la France pendant une année entière.
3. La famille d'Emmy la _____ pour deux semaines de vacances.
4. Emmy _____ particulièrement _____ son séjour à Toulouse.
5. Elle _____ la connaissance de belles personnes.
6. Elle _____ dans un restaurant au bord de la mer.
7. Jean _____ amoureux d'elle.
8. Jean _____ de faire un PVT en Nouvelle-Zélande pour revoir Emmy.
9. Pendant les vacances, la maman d'Emmy _____ sur la montagne.
10. Emmy _____ jamais son expérience en France.

Les réponses se trouvent dans la partie « Answer Key » à la page 121.

The answers can be found in the "Answer Key" section on page 121.

Did you know…?

Est-ce que tu savais que selon le pays d'où tu viens, tu as la possibilité de faire la même expérience qu'Emmy en France ?

Le PVT (permis vacances/travail) est un visa réservé aux jeunes (généralement âgés de 18 à 30 voire 35 ans) qui veulent travailler dans un pays étranger et profiter pour le visiter.

Par exemple, si tu viens d'Argentine, d'Australie, du Brésil, du Canada, du Chili, de Colombie, de Corée du Sud, de Hong Kong, du Japon, du Mexique, de Nouvelle-Zélande, de Russie, de Taiwan ou d'Uruguay, tu as la possibilité de faire ta demande de visa. Alors, si l'expérience te tente et que tu souhaites venir en France pour travailler, apprendre le français et voyager pendant un an, n'hésite plus et fais ta demande !

Did you know that depending on the country you come from, you can have the same experience as Emmy in France?

The WHV (working holiday visa) is a visa reserved for young people (generally ages between 18 and 30 or even 35 years old) who want to work in a foreign country and visit it.

For example, if you come from Argentina, Australia, Brazil, Canada, Chile, Colombia, South Korea, Hong Kong, Japan, Mexico, New Zealand, Russia, Taiwan, or Uruguay, you can apply for that visa in France. So, if you are interested in coming to France to work, learn French, and travel for a year, do not hesitate to apply!

Chapter 12: Formal Writing

Dans ce dernier chapitre, Emmy va t'apprendre comment rédiger les différents types de texte. De la lettre de motivation pour décrocher ton premier job à une dissertation scolaire pour réussir tes examens, tu auras toutes les cartes en main pour améliorer tes compétences à l'écrit. D'ailleurs, si tu as besoin de plus d'exemples, n'hésite pas à aller chercher sur internet. Tu trouveras pleins d'autres modèles qui pourront t'aider. Ci-dessous, Emmy te donne quelques liens qui pourront t'être utiles.

In this final chapter, Emmy will teach you how to write different types of texts. From a cover letter to get your first job to a school essay to pass your exams, you will have everything you need to improve your writing skills. By the way, if you need more examples, do not hesitate to look on the internet. You will find plenty of other models that can help you. Below, Emmy gives you some links that may be useful to you.

Pour ta letter formelle / For your formal letter:

https://www.laposte.fr/courriers-colis/conseils-pratiques/rediger-une-lettre-formelle-quelles-formules-de-politesse

Pour ta lettre de motivation / For your cover letter:

https://www.cadremploi.fr/editorial/conseils/lettre-de-motivation/comment-bien-ecrire-une-lettre-de-motivation

Pour ton CV / For your resume:

https://www.moncvparfait.fr

Everything about writing

Ce thème est très important si tu as prévu de passer un examen pour évaluer ton niveau de français ou si tu as envie de postuler pour trouver un travail en France. Dans les deux cas, le vocabulaire et l'orthographe sont deux disciplines très importante pour ce chapitre. Alors, si tu as besoin d'un dictionnaire pour trouver un synonyme ou pour vérifier l'orthographe d'un mot pour rendre tes phrases plus belles, n'hésite pas à les utiliser. Il y en a pleins sur internet qui sont très pratique.

This topic is very important if you are planning to take an exam to assess your level of French or if you want to apply for a job in France. In both cases, vocabulary and spelling are very important for this chapter. If you need a dictionary to find a synonym or to check the spelling of a word to make your sentences more beautiful, do not hesitate to use them. There are plenty of them on the internet that are very handy.

Dictionnaire des synonymes / Dictionary of synonyms: https://crisco4.unicaen.fr/des/

Dictionnaire Le Robert / Dictionary Le Robert: https://dictionnaire.lerobert.com/

Formal letter

Emmy veut t'introduire ce chapitre en te montrant comment écrire une lettre formelle. En français, il y a plusieurs règles à respecter pour que la lettre soit correctement composée.

Premièrement, la mise en page doit être impeccable. Tu retrouveras un exemple à la page suivante qui te montrera exactement où placer les informations. En haut à gauche de ta lettre, tu dois mettre tes coordonnées. C'est-à-dire que tu vas mettre ton prénom et ton nom, ton adresse, ton numéro de téléphone et même ton adresse e-mail si nécessaire. À la même hauteur mais à droite, tu devras mettre le lieu et la date à laquelle tu écris cette lettre. En dessous du lieu et de la date, tu peux ensuite mettre l'adresse du destinataire. Le destinataire est celui à qui tu adresses la lettre. Quelques lignes plus bas, tu peux ajouter le sujet de ta lettre. Par exemple, si tu souhaites faire une réclamation par rapport à un vêtement que tu as commandé sur internet qui est arrivé en mauvais état, tu peux ajouter le numéro de ta commande en précisant « réclamation ».

Ensuite, si tu sais exactement à qui adresser la lettre, tu peux préciser: « Madame Dubois, » ou « Monsieur Leprêtre, ». Si tu écris à une entreprise et donc tu ne sais pas à qui tu dois t'adresser, il faut que tu mettes: « Madame, Monsieur, ». Suite à cela vient le corps de texte. Ta lettre n'a pas besoin d'être très longue mais elle doit être claire et doit contenir toutes les formes de politesse nécessaires. C'est-à-dire qu'à la fin de la lettre, il faudra aussi saluer le destinataire en écrivant par exemple: « Dans l'attente de vos nouvelles, je vous adresse, Madame, Monsieur, mes meilleures salutations ».

Emmy wants to introduce you to this chapter by showing you how to write a formal letter. In French, there are several rules that must be followed for a letter to be properly composed.

First, the layout must be perfect. You will find an example on the next page that will show you exactly where to place the information. At the top left of your letter, you should put your contact details. This means that you should put your first and last name, your address, your telephone number, and even your e-mail address if necessary. At the same height but on the right, you should put the place and date you are writing this letter. Below the place and date, you can put the address of the recipient. The recipient is the person to whom you are addressing the letter. A few lines down, you can add the subject of your letter. For example, if you want to make a complaint about a piece of clothing you ordered on the internet that arrived in a bad state, you can add the number of your order and specify "complaint."

Then, if you know exactly who to address the letter to, you can specify: "Mrs. Dubois" or "Mr. Leprêtre." If you are writing to a company and you don't know who you should address, you should write: "Dear Sir or Madam." After that comes the body of the text. Your letter doesn't have to be very long, but it should be clear and contain all the necessary forms of politeness. At the end of the letter, you should also end the salutation by writing, for example: "I look forward to hearing from you."

À la page suivante, tu trouveras un exemple de lettre formelle / On the next page you will find an example of a formal letter:

Emmy Simperingham
20 Rue Charles de Freycinet
64200 Biarritz
+33 6 44 20 98 27
Emmy.Simperingham@hotmail.com

Biarritz, le 14 juin 2022

Zalando
21 Boulevard Haussmann
75009 Paris

Réclamation commande n°12345

Madame, Monsieur,

J'ai passé commande sur votre site internet en date du 2 juin 2022 et je voulais vous informer qu'un de mes articles (référence 3879) m'a été envoyé avec un défaut.

En effet, lorsque j'ai voulu essayer le vêtement, le tissu du t-shirt avait un trou sur la manche. Par conséquent, je suis contrainte de vous le renvoyer dans l'état actuel, c'est-à-dire troué.

Voulant vraiment obtenir ce t-shirt en bon état mais refusant de payer les frais de port pour un article abîmé, je vous prierais de me contacter afin que nous puissions trouver une solution satisfaisante pour vous et moi.

Dans l'attente de votre réponse, je vous adresse, Madame, Monsieur, mes meilleures salutations.

Emmy Simperingham

E. Simperingham

Formal letter's translation

Emmy Simperingham
20 Rue Charles de Freycinet
64200 Biarritz   Biarritz, le 14 juin 2022
+33 6 44 20 98 27
Emmy.Simperingham@hotmail.com

                                    Zalando
                                    21 Boulevard Haussmann
                                    75009 Paris

Complaint order no. 12345

    Dear Sir or Madam,

    I placed an order on your website on 2 June 2022 and I wanted to inform you that one of my items (reference 3879) was sent to me with a defect.

    Indeed, when I wanted to try on the clothes, the fabric of the t-shirt had a hole on the sleeve. Therefore, I have to send it back to you in its current state, i.e., with a hole.

    However, I really want to get this t-shirt in good condition but refuse to pay the shipping costs for a damaged item. Please contact me so that we can find a satisfactory solution for you and me.

    I look forward to hearing from you.

    Best regards,

                                        Emmy Simperingham

E. Simperingham

Essay

Si tu décides de passer un examen officiel pour évaluer ton niveau de français, tu auras une rédaction à écrire. La plupart du temps, tu recevras un thème donné et tu devras écrire par rapport à ce sujet. Si tu passes un examen niveau A1 à B1, tu auras probablement une lettre à un ami à rédiger. À partir du niveau B2, il y a très souvent un texte argumentatif à faire. C'est d'ailleurs sur celui-ci que nous allons nous concentrer car c'est celui qui demande le plus de technique.

Tout d'abord, un texte argumentatif, comme son nom l'indique, est un texte où tu devras écrire différents types d'arguments. Le but de ce type de texte est que tu rédiges une argumentation avec plusieurs arguments positifs et négatifs. Selon le thème que tu recevras, tu te définiras plutôt « pour » ou plutôt « contre ». Cependant, ton avis réel ne compte pas dans ce genre de texte car l'examinateur ne te jugera pas sur ton opinion mais sur ta manière d'écrire. C'est pourquoi, tu devras rédiger des avis positifs et des avis négatifs.

Il y a une structure que tu dois absolument respecter. Ta rédaction argumentative doit toujours commencer par une introduction. L'introduction sert à introduire le sujet. Tu dois introduire le sujet de manière neutre tout en donnant envie au lecteur de continuer à lire ton texte. L'introduction se fait en 1 paragraphe.

Après l'introduction vient le corps de texte général où tu devras développer tes arguments. Selon ton positionnement, je te recommande de donner 3 arguments « pour » et 1 à 2 arguments « contre » ou inversement. Dans tes arguments, tu peux utiliser des statistiques si tu connais des chiffres réels, par contre, tu n'auras pas le droit d'utiliser internet pendant ta rédaction donc si tu n'es pas sûr de toi, ne donne pas de chiffre précis. Si tu connais des citations, n'hésite pas à en ajouter car cela pourra appuyer tes arguments. Pour chaque argument il faudra faire un nouveau paragraphe.

Finalement, dès que tu auras rédigé tous tes arguments et tes contre-arguments, tu devras écrire ta conclusion. La conclusion sert à clôturer ton texte. Elle sert à récapituler tout ce que tu as dit plus haut. Tu n'es pas obligé de donner ton avis personnel dans cette partie mais tu peux le faire si tu trouves que cela apporte quelque chose au texte.

Aussi, ce qui est très important c'est de bien suivre les consignes qui te sont données. Parfois, tu auras un nombre de mots précis à respecter ou d'autres consignes. Alors avant de te lancer dans la rédaction, penche toi quelques minutes sur les consignes et réfléchis à ce que tu pourrais écrire. Une bonne rédaction se prépare et ne doit pas être écrite à froid. Tu as normalement toujours le droit d'utiliser un papier brouillon sur lequel tu peux rédiger un plan.

If you decide to take an official exam to assess your level of French, you will have an essay to write. Most of the time, you will be given a topic, and you will have to write about it. If you are taking an exam at A1 to B1 level, you will probably have a letter to a friend to write. From level B2 onwards, there is very often an argumentative text to be written. This is the one we will focus on, as it requires the most technique.

First of all, an argumentative text, as its name suggests, is a text where you have to write different types of arguments. The aim of this type of text is that you write an argument with several positive and negative arguments. Depending on the topic you receive, you will define yourself as either 'for' or 'against.' However, your real opinion does not count in this type of text because the examiner will not judge you on your opinion but on the way you write. Therefore, you should write both positive and negative opinions.

There is a structure that you must follow. Your argumentative essay should always start with an introduction. The introduction serves to introduce the topic. You should introduce the topic in a neutral way and, at the same time, make the reader want to continue reading your text. The introduction is one paragraph long.

After the introduction comes the general body of the text, where you have to develop your arguments. Depending on your position, I recommend that you give 3 arguments "for" and 1 to 2 arguments "against" or vice versa. In your arguments, you can use statistics if you know real figures, but you will not be allowed to use the internet during your essay, so if you are not sure, do not give precise figures. If you know any quotes, do not hesitate to add them, as they may support your arguments. For each argument, you will have to write a new paragraph.

Finally, once you have written all your arguments and counter-arguments, you should write your conclusion. The conclusion is the final part of your text. It summarises everything you have said above. You do not have to give your personal opinion in this part, but you can do so if you think it adds something to the text.

Also, it is very important to follow the instructions given to you. Sometimes you will have a specific word count or other instructions. So before you start writing, take a few minutes to look at the instructions and think about what you could write. A good essay is prepared and should not be written on the spot. You are normally always allowed to use a rough paper on which you can write an outline.

À la page suivante, tu trouveras un exemple de rédaction de type argumentative. Le thème choisi est « Les voyages en avion influencent le réchauffement climatique »

On the next page, you will find an example of an argumentative essay. The theme chosen is "traveling by plane influences global warming."

Titre:

Les voyages en avion influencent le réchauffement climatique.

Title:

Travels by plane influence global warming.

Introduction:

Au XXIe siècle, la question du réchauffement climatique se pose de plus en plus. Notre planète Terre se réchauffe d'année en année à cause de la pollution émise par les humains. Parmi tous les types de pollution, une fait souvent la une des journaux: les trajets en avion.

Introduction:

In the 21st century, the issue of global warming is becoming increasingly important. Our planet Earth is getting warmer every year because of the pollution emitted by humans. Of all the types of pollution, one often makes the headlines: travels by plane.

Argument 1:

Cela n'a de secret pour personne: prendre l'avion pollue la planète. Peut-être l'avez-vous entendu, certaines compagnies aériennes maintiennent leurs vols même si l'avion est complètement vide. Prendre l'avion est une chose mais faire voler un avion vide en est une autre. Selon les compagnies aériennes, elles font cela pour maintenir leurs places dans les aéroports malgré la pollution émise.

Argument 1:

It's no secret that flying pollutes the planet. You may have heard that some airlines keep flying even when the plane is completely empty. Flying is one thing, but flying an empty plane is another. According to the airlines, they do this to keep their places in the airports despite the pollution emitted.

Argument 2:

Afin de voyager en toute sécurité, nos dirigeants ou des célébrités utilisent leur jet privé pour aller d'un point A à un point B. Ces personnes-là le font car elles en ont les moyens mais est-ce qu'elles se soucient réellement de la Terre en faisant cela? Bien que leur sécurité soit importante et non négligeable, n'y a-t-il pas d'autres moyens de voyager en toute sécurité?

Argument 2:

In order to travel safely, our leaders or celebrities use their private jet to go from point A to point B. These people do this because they can afford it, but do they really care about the Earth in doing so? While their safety is important and not insignificant, are there not other ways to travel safely?

Argument 3:

De nos jours et particulièrement dans les pays riches, l'avion est utilisé très régulièrement et cela même pour des courtes distances. En effet, prendre l'avion pour faire un trajet de Paris à Lisbonne coûte actuellement moins cher que de prendre le train. Les gens ont donc une préférence à prendre l'avion car cela est bénéfique pour leur porte-monnaie et ils gagnent aussi en temps.

Argument 3:

Nowadays, especially in rich countries, traveling by plane is very common, even for short distances. Indeed, flying from Paris to Lisbon is currently cheaper than taking the train. People, therefore, prefer to fly because it is good for their wallets and saves time.

Contre-argument 1:

Bien que les gens utilisent de plus en plus l'avion, il reste un moyen de transport coûteux notamment pour les personnes vivant dans des pays en voie de développement. La majorité des gens sur cette planète n'utilise pas ce moyen de transport et il reste occasionnel pour les autres.

Counter-argument 1:

Although people are increasingly using the plane for their travels, it remains an expensive means of transport, especially for people living in developing countries. The majority of people on this planet do not use this transportation, and it remains occasional for others.

Conclusion:

En conclusion, bien que certaines personnes n'aient jamais pris l'avion, ce mode de transport reste un moyen extrêmement polluant. Prendre l'avion, même qu'une fois par année, vous fera contribuer d'une manière ou d'une autre au réchauffement climatique.

Conclusion:

In conclusion, although some people have never flown, it is still an extremely polluting mode of transport. Flying, even once a year, will make you contribute in one way or another to global warming.

Et toi, qu'en penses-tu à ce sujet? Emmy te laisse la place sur la prochaine page pour que tu puisses écrire ton texte argumentatif sur le même thème.

What do you think about this? Emmy leaves room on the next page for you to write your argumentative piece on the same theme.

_____

_____

_____

_____

_____

_____

_____

_____

_____

_____

Report

Un rapport est généralement un document officiel qu'on rédige pour avoir une trace de ce qui a été dit. Dans un tel cas, on appelle cela en français un PV (procès-verbal). La personne qui s'occupe de rédiger le PV doit écouter très attentivement tout ce qui se dit lors de la réunion afin de reporter cela correctement par écrit.

Il existe plusieurs techniques pour prendre un PV. Certaines personnes préfèrent enregistrer sur un téléphone tout ce qui a été dit pour ensuite pouvoir le retranscrire ensuite. Attention, si la réunion comporte des sujets sensibles ou confidentiels, il te sera peut être interdit d'enregistrer cela.

Personnellement, quand Emmy doit prendre un PV lors des réunions qu'il y a eu dans le restaurant dans lequel elle travaillait, elle écrivait toujours le nom de la personne qui parlait et ensuite elle écrivait des mots clés pour ensuite réécrire au propre tout le document.

Lorsque tu as terminé de rédiger ton rapport, il est nécessaire de relire ton orthographe et de l'envoyer aux personnes qui sont censés recevoir le document.

A report is usually an official document that is drawn up to keep a record of what has been said. In this case, it is called a PV (procès-verbal). The person who writes it has to listen very carefully to everything that is said at the meeting in order to write it down correctly.

There are several techniques for taking the PV. Some people prefer to record everything that is said on a telephone and then transcribe it. Be aware that if the meeting is sensitive or confidential, you may not be allowed to record it.

Personally, when Emmy had to take the report at meetings in the restaurant where she worked, she always wrote down the name of the person who spoke and then wrote down keywords, and then rewrote the whole document.

When you have finished writing your report, it is necessary to proofread your spelling and send it to the people who are supposed to receive the document.

Voilà ce qu'elle écrivait par exemple dans le PV / This is what she wrote in the report, for example:

Martin: Je vous remercie tous de participer à cette réunion aujourd'hui. Merci à Emmy pour la rédaction du PV. Nous allons parler aujourd'hui des nouveaux menus pour le mois prochain. Julie, est-ce que tu peux nous dire ce que tu as prévu de mettre à la carte?

Julie: Pour le mois prochain, nous avons décidé avec Anna de mettre des nouveaux produits de saison à la carte. Nous allons donc commencer à cuisiner les légumes d'automne et rajouter des spécialités à base de champignons.

Resume

Si tu as décidé de venir travailler en France, il faudra que tu te fasses un CV (curriculum vitae). En français, on utilise le mot latin ou l'abréviation « CV » pour désigner le « resume ».

Un CV doit contenir toutes les informations nécessaires pour que le recruteur ait envie de t'engager. Donc, il doit y avoir tes informations personnelles (prénom, nom, adresse postale, adresse e-mail, numéro de téléphone, permis de conduire), ton parcours scolaire (lycée, université, ...), ton parcours professionnel (stage, job d'étudiant, job), tes connaissances linguistiques suivies du niveau que tu as dans ses langues (A1, A2, B1, B2, C1, C2, langue maternelle), tes loisirs, tes compétences en informatique (suivant le travail pour lequel tu postules) et tes qualités.

Dans ton CV, tu peux y ajouter de la couleur mais attention à ne pas utiliser des couleurs trop forte. Des couleurs claires seront plus appréciées comme le bleu clair, le vert pâle,...

Il est généralement conseillé de mettre sa photo dans le coin en haut à gauche de ton CV. Ta photo doit être professionnel et il n'y a pas besoin de te prendre de la tête au pied. Tu peux par exemple prendre une photo passeport où l'on voit ta tête et tes épaules.

If you have decided to come and work in France, you will have to make a CV (curriculum vitae). In French, the Latin word or abbreviation "CV" is used for "resume."

A CV should contain all the information necessary for the recruiter who wants to hire you. So, it should contain your personal information (first name, last name, postal address, e-mail address, telephone number, driving license), your educational background (high school, university, ...), your professional background (internship, student job, job), your language skills followed by the level you have in these languages (A1, A2, B1, B2, C1, C2, mother tongue), your hobbies, your computer skills (depending on the job you are applying for) and your qualities.

In your CV, you can add some color but be careful not to use too strong colors. Light colors are more appreciated, such as light blue, light green, etc.

It is generally recommended to put your photo in the top left corner of your CV. Your photo should be professional, and there is no need to take a headshot. You can, for example, take a passport photo where your head and shoulders are visible.

À la page suivante, tu trouveras un exemple de CV qu'Emmy a rédigé pour postuler dans le restaurant à Biarritz. Tu peux inspirer du sien mais n'oublie pas de le render créatif pour qu'il attire l'œil du recruteur!

On the next page, you will find an example of the CV that Emmy wrote to apply for the restaurant in Biarritz. You can take inspiration from hers but do not forget to make it creative so that it catches the recruiter's eye!

Emmy Simperingham
20 Rue Charles de Freycinet
64200 Biarritz
+33 6 44 20 98 27
Emmy.Simperingham@hotmail.com
Permis de conduire international

Persévérante
Réactive
Bienveillante

Loisirs:
Natation
Surf
Paddle

Disponible à travailler de suite

Expériences professionnelles:
01.2022 – 04.2022: aide en cuisine dans un restaurant à Auckland (Nouvelle-Zélande)
12.2020 – 03.2022: serveuse dans un café à Gisborne (Nouvelle-Zélande)
07.2020: stage de cuisinière à Wanui Beach (Nouvelle-Zélande)
01.2019 – 12.2019: serveuse dans un restaurant à Gisborne (Nouvelle-Zélande)

Parcours scolaire:
2019 à 2022: en économie à Wellington (Nouvelle-Zélande) – Bachelor obtenu avec mention
2014 à 2019: Lycée à Gisborne avec option économie et droit

Connaissances linguistiques:
Anglais – langue maternelle
Français – niveau entre B1 et B2
Je suis actuellement des cours de français pour m'améliorer
Espagnol – notions, niveau A2

Compétences informatiques:
Utilisation courante des outils MS office
Utilisation courante du logiciel Wincash pour enregistrer les dépenses d'un restaurant

Cover letter

Comme précédemment, si tu souhaites postuler pour trouver un travail en France, tu devras joindre une lettre de motivation à ta candidature. N'oublie pas, ta candidature doit toujours contenir une lettre de motivation, un CV, tes diplômes éventuellement et ton dernier certificat de travail attestant que tu as bel et bien travaillé à telle ou telle place.

Une lettre de motivation se rédige sur une page A4 au maximum. Elle peut être mise en page de la même manière que la lettre formelle.

Ta lettre de motivation doit contenir plusieurs paragraphes. Le premier paragraphe parle de l'endroit où tu as trouvé l'offre d'emploi. Le deuxième paragraphe explique ce que tu as fait auparavant. Le troisième raconte tes motivations pour le travail pour lequel tu postules et pourquoi tu serais le/la candidat/e idéal/e. Le dernier paragraphe est réservé pour les salutations. N'oublie pas de toujours signer ta lettre à la main en bas de la page.

As before, if you want to apply for a job in France, you will need to attach a cover letter to your application. Remember, your application should always contain a cover letter, a CV, any diplomas you may have, and your last work certificate proving that you have worked at such and such a place.

A cover letter should be written on a maximum of one A4 page. It can be formatted in the same way as the formal letter.

Your cover letter should contain several paragraphs. The first paragraph talks about where you found the job offer. The second paragraph explains what you have done before. The third paragraph tells what motivates you for the job you are applying for and why you would be the ideal candidate. The last paragraph is reserved for salutations. Remember to always sign your letter by hand at the bottom of the page.

À la page suivante, tu trouveras la lettre qu'Emmy a écrite pour postuler au restaurant dans lequel elle a travaillé à Biarritz.

On the next page, you will find the letter Emmy wrote to apply for the restaurant where she worked in Biarritz:

Emmy Simperingham
20 Rue Charles de Freycinet
64200 Biarritz   Biarritz, le 23 avril 2022
+33 6 44 20 98 27
Emmy.Simperingham@hotmail.com

                                          Le Corsaire
                                          15 All Port des Pêcheurs
                                          64200 Biarritz

Candidature au poste de serveuse à 100%

Madame, Monsieur,

Ayant vu votre annonce sur internet pour le poste de serveuse à 100% au sein de votre restaurant « Le Corsaire », je me permets de vous adresser ma candidature pour ce travail. Je suis disponible de suite.

Je suis arrivée en France il y a quelques semaines et je suis à la recherche d'un emploi. Pendant mes études en Nouvelle-Zélande, j'ai toujours travaillé dans la restauration. En effet, j'ai exercé le métier de serveuse mais aussi d'aide en cuisine.

Je suis donc très intéressée par le poste que vous proposez afin de pouvoir m'épanouir dans le milieu professionnel en France. Travailler pour votre restaurant serait pour moi l'occasion de pratiquer mon français et de m'intégrer dans la vie ici. Étant de langue maternelle anglaise, je serai à même de servir les clients ne parlant pas le français. Passionnée par ce métier et étant naturellement bienveillante et au service des gens, je pense être la candidate parfait pour ce travail.

Je suis bien évidemment disponible pour un entretien par téléphone ou dans votre restaurant. Dans l'attente de votre réponse que j'espère favorable, je vous adresse, Madame, Monsieur, mes meilleures salutations.

                                            Emmy Simperingham

Professional e-mail

Lorsque tu souhaites rédiger un e-mail professionnel, suivant à la personne à qui tu l'adresses, tu pourras utiliser le tutoiement (pronom « tu ») ou le vouvoiement (pronom « vous »). C'est-à-dire que si tu l'écris à un/e collègue dont tu es proche, tu peux sans autre utiliser le pronom « tu » tout en restant poli. Si tu dois envoyer un e-mail à un client, l'usage du « vous » est recommandé.

Selon la politique de ton entreprise, peut-être qu'il est obligatoire de tutoyer ou de vouvoyer tout le monde. Emmy va te montrer deux exemples d'e-mail professionnel que tu pourras rencontrer au cours de ta carrière en France.

Comme tu peux le voir dans les deux exemples à la page suivante, Emmy a réalisé des e-mails professionnels en utilisant le tutoiement envers sa collègue et le vouvoiement envers un client. L'important est d'être clair et de ne pas faire d'erreurs. Les textes n'ont pas de longueur précise mais il est judicieux d'être bref dans la rédaction d'un e-mail.

When you want to write a professional e-mail, depending on the person to whom you are addressing it, you can use the pronoun "tu" or the pronoun "vous." This means that if you are writing to a colleague you are close to, you can use the pronoun "tu" without further ado while remaining polite. If you have to send an e-mail to a client, the use of "vous" is recommended.

Depending on your company's policy, it may be compulsory to be on "tu" or "vous" terms with everyone. Emmy will show you two examples of business e-mails that you might encounter in your career in France.

As you can see in the two examples on the next page, Emmy has produced professional emails using the first name of her colleague and the last name of a client. The important thing is to be clear and not make mistakes. The texts do not have a specific length, but it is a good idea to be brief when writing an e-mail.

Exemple de mail 1 / Example of an email 1:
Objet: Chiffres de Noël
Bonjour Martine,

Je te remercie pour l'envoi du document. Je vais l'analyser puis le transférer à ma cheffe si tout est bon.

En annexe, je te transmet les chiffres des ventes de Noël. Pourrais-tu les vérifier stp?

D'avance, je te remercie pour ton retour et te souhaite une bonne journée.

Emmy Simperingham

Exemple de mail 2 / Example of an email 2:
Objet: Votre demande du 01.12.2022
Monsieur,

Je vous confirme que nous avons bien reçu les documents que vous nous avez transmis. Aussi, je vous confirme la prolongation de délai au 30.06.2023 afin que vous puissiez faire le nécessaire.

En cas de questions, n'hésitez pas à nous contacter.

Avec mes meilleures salutations,

Emmy Simperingham

Entreprise ABC

32 Rue du Lac

44000 Nantes

Did you know...?

Est-ce que tu savais qu'il était très difficile de licencier un employé en France?

La France est un pays qui possède un code du travail très stricte. En effet, lorsque quelqu'un est engagé en CDI (contrat à durée indéterminée), il est extrêmement difficile de le licencier. Si l'employé n'a pas fait d'erreur grave, il est quasi impossible de lui demander de quitter l'entreprise.

Cela peut paraitre très avantageux pour les employés et pourtant, ce système-là comporte des failles. Les employeurs savent très bien qu'il est difficile de congédier quelqu'un qui possède un contrat de travail à durée indéterminée, c'est pourquoi, par précaution, ils préfèrent faire des CDD (contrat de travail à durée déterminée). Le CDD peut durer plusieurs années et est renouvelable. Si l'employé fait ses preuves, il pourra ensuite être engagé en CDI selon les besoin de l'entreprise.

Cependant, une situation en CDD n'est pas forcément idéale pour tout le monde. En effet, si l'employé en CDD souhaite louer un appartement, celui-ci risque de lui être refusé car il n'a pas un contrat de travail stable. De même si cette personne souhaite contracter un crédit, la banque risque de le lui refuser.

Did you know that it is very difficult to dismiss an employee in France?

France is a country with a very strict labor code. Indeed, when someone is hired on a CDI (permanent contract), it is extremely difficult to fire them. If the employee has not made a serious mistake, it is almost impossible to ask them to leave the company.

This may sound very advantageous for employees, but there are flaws in this system. Employers know very well that it is difficult to dismiss someone with a permanent contract, so as a precaution, they prefer to use CDD (fixed-term contracts). A fixed-term contract can last for several years and is renewable. If the employee proves his or her worth, he or she can then be hired on an open-ended contract, depending on the company's needs.

However, a fixed-term contract is not necessarily ideal for everyone. If an employee on a fixed-term contract wishes to rent a flat, he or she may be refused because he or she does not have a stable employment contract. Similarly, if they want to take out a loan, the bank may refuse them.

Congratulations!

Félicitations! Si tu es arrivé jusqu'à cette page, c'est que tu as terminé tout le livre. J'espère que mes aventures à travers la France t'ont plu et que tu as pu progresser en français grâce à mes conseils et astuces. J'espère que tu te décideras à faire comme moi et à sauter le pas pour te retrouver en voyage en France. Je te le garantis, l'expérience en vaut la peine!

Congratulations! If you have reached this page, you have finished the whole book. I hope you enjoyed my adventures through France and that you were able to improve your French thanks to my tips and tricks. I hope you will decide to do as I did and take the plunge to find yourself traveling in France. I guarantee you, the experience will be worth it!

A bientôt pour de nouvelles aventures!

See you soon for further adventures!

Emmy

Answer Key

Dans cette section, tu retrouveras toutes les réponses aux exercices que tu as réalisé pendant ton apprentissage du français. N'hésite pas à refaire plusieurs fois les exercices afin de les maitriser complétement. Si tu fais plusieurs erreurs, tu peux toujours retourner dans le chapitre en question afin de revoir la théorie.

In this section, you will find all the answers to the exercises you have done while learning French. Do not hesitate to do the exercises several times in order to master them completely. If you make several mistakes, you can always go back to the chapter in question to review the theory.

Answers to the quiz: Are You An Advanced Speaker?

Answers to exercise 1

Français	English
Le chien	The dog
L'oiseau	The bird
Le cheval	The horse

Le poisson	The fish
Le soleil	The sun
La pluie	The rain
La météo	The weather
Le nuage	The cloud
Le fromage	The cheese
Le repas	The meal
Le pain	The bread
Le gâteau	The cake
La salle de bain	The bathroom
Le salon	The living room
La chambre à coucher	The bedroom
Le jardin	The garden
L'infirmier, l'infirmière	The nurse
L'avocat, l'avocate	The lawyer
Le boulanger, la boulangère	The baker
Le docteur, la doctoresse	The doctor

La chaussure	The shoe
La robe	The dress
Le pantalon	The pants
La jupe	The skirt
La ville	The city
Le village	The village
Le pays	The country
Le continent	The continent
La gare	The train station
Le bus	The bus
La voiture	The car
Le vélo	The bike

Answers to exercise 2

Être – to be			
Personnes	Présent	Imparfait	Futur simple
Je / J'	suis	étais	serai
Tu	es	étais	seras
Il / elle / on	est	était	sera

Nous	sommes	étions	serons
Vous	êtes	étiez	serez
Ils / elles	sont	étaient	seront

Avoir - to have			
Personnes	Présent	Imparfait	Futur simple
Je / J'	ai	avais	aurai
Tu	as	avais	auras
Il / elle / on	a	avait	aura
Nous	avons	avions	aurons
Vous	avez	aviez	aurez
Ils / elles	ont	avaient	auront

Answers to exercise 3
1. Emmy a pris l'avion pour venir en France.
2. Elle a appris le français à l'école.
3. Elle vient pour travailler et voyager en France.
4. Elle espère se faire pleins d'amis.
5. Elle se réjouit de cette nouvelle aventure.

Answers to exercise 4

Singulier -singular	Pluriel - plural
Le bateau	Les bateaux
L'appartement	Les appartements
Le jeu	Les jeux
Le journal	Les journaux
Le clou	Le clous
La montagne	Les montagnes
Le cours	Les cours
Le château	Les châteaux
La bière	Les bières
La fromagère	Les fromagères

Answers to exercise 5
1. Quel âge as-tu? / Quel âge est-ce que tu as?
2. Où habites-tu? / Où est-ce que tu habites?
3. Que vas-tu faire en France? / Qu'est-ce que tu vas faire en France?
4. Est-ce que tu as des frères et sœurs?
5. Quelle(s) langue(s) parles-tu? Quelle(s) langue(s) est-ce que tu parles?

Answers to exercise 6
1. Emmy n'aime pas le chocolat.
2. Il ne fait pas beau aujourd'hui.

3. Je n'aimerais pas aller au cinéma.
4. Emmy ne dépense pas beaucoup d'argent.
5. Emmy n'est pas égoïste.

Answers to exercice 7

Verbes	Ta conjugaison
Chanter, présent, 1ère pers. sing.	Je chante
Jouer, futur, 1ère pers. plur.	Nous jouerons
Manger, imparfait, 3ème pers. sing.	Il / elle / on mangeait
Finir, présent, 2ème pers. sing	Tu finis
Bouger, futur, 3ème pers. plur.	Ils /elles bougeront
Écrire, présent, 1ère pers. sing.	J'écris
Parler, imparfait, 2ème pers. plur.	Vous parliez

Answers to exercice 8

Text translation:

Emmy is from New Zealand. She grew up with her parents and her younger brother in a town called Gisborne. This town is on the North Island, on the edge of the Pacific Ocean. The country consists of two main islands, the North Island and the South Island. The more populated one is where Emmy and her brother grew up.

During her trip, she knows that she will miss her family very much, but she dreamed of discovering France, its culture, and its landscapes. She is looking forward to doing her WHV there and discovering all that France has to offer. She hopes to find a job in the Biarritz area so she can surf after working all day long. She is very good at this sport and wants to continue to practice it.

Answers to questions:
1. VRAI
2. FAUX
3. FAUX
4. VRAI
5. FAUX

Answers to exercise 9

Ce texte est juste un exemple de ce que tu pourrais écrire à propos d'un membre de ta famille.

This text is just an example of what you could write about a family member.

Voici ce que Emmy a écrit sur son frère:

This is what Emmy wrote about her brother:

Mon petit frère a 17 ans. Il habite encore chez mes parents car il n'a pas fini ses études. Bien qu'il soit mon petit frère, il est plus grand que moi en taille. Il mesure 1m83. Il a des cheveux bruns et des yeux verts.

Answers to reading comprehension 1

1. La natation, le surf, le kitesurf, le paddle
2. Se détendre
3. Boulot
4. Au bord de la plage
5. **Titre 3:** Les sports nautiques

Answers to reading comprehension 2

1. Décoller, accompagner, passer, manger, quitter, pleurer, enregistrer, s'envoler, embarquer, réserver, admirer, espérer, parler.
2. Être, prendre, partir, atterrir, boire, attendre, avoir, pouvoir.
3. Pour pouvoir admirer le paysage pendant le vol.
4. Elle a pleuré d'émotion.
5. Avant de passer la zone de sécurité.

Answers to exercise 1

1. a décollé
2. a regardé
3. a réveillée
4. rêvait
5. a décidé / recontrerait
6. imagine
7. pense / mangera
8. avait terminé

Answers to exercise 2

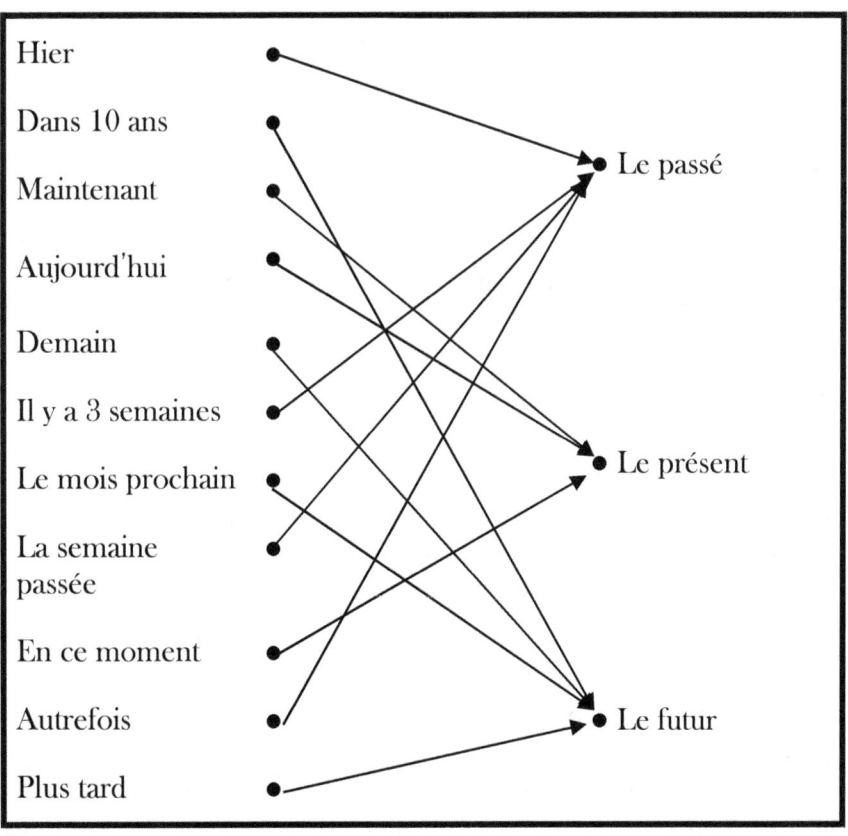

Answers to reading comprehension 3

1. Atterrir, finir, bâtir, enrichir.
2. Commencer, décider, débrouiller, aller, chercher, étudier, pratiquer, apprécier.
3. Elle reste 2 semaines à Paris.
4. L'objectif est de bâtir de bonnes bases en communication.
5. Sa journée commence en allant chercher un café et un croissant à la boulangerie.

Answers to exercise 3

Verbes	Ta conjugaison
Finir, présent, 1ère pers. sing.	Je finis
Accomplir, futur, 1ère pers. plur.	Nous accomplirons
Grandir, imparfait, 3ème pers. sing.	Il / elle / on grandissait
Maigrir, présent, 2ème pers. sing	Tu maigris
Grossir, futur, 3ème pers. plur.	Ils / elles grossiront
Réussir, présent, 1ère pers. sing.	Je réussis
Réagir, imparfait, 2ème pers. plur.	Vous réagissiez
Fleurir, passé composé, 3ème pers. plur.	Ils / elles ont fleuri

Obéir, futur antérieur, 2ème pers. sing.	Tu auras obéi
Rougir, plus-que-parfait, 3ème pers. plur.	Ils / elles avaient rougi
Remplir, conditionnel présent, 1ère pers. sing.	Je remplirais

Answers to exercise 4

Ce texte est juste un exemple de ce que tu pourrais écrire.

This text is just an example of what you could write.

Habituellement, je commence ma journée en me levant à 06:30. Je bois un thé noir et je prends mon petit-déjeuner à la maison. Ensuite, je pars au travail à pied. A midi, je mange avec mes collègues au restaurant. Puis le soir, après le travail, je fais une heure de sport pour me défouler.

Answers to reading comprehension 4

1. Pouvoir, prendre, partir, revenir, dormir.
2. Elle ne travaille pas le samedi et le dimanche.
3. Elle est allé visiter Bordeaux.
4. Elle travaille 6 heures par jour, de 09h00 à 15h00.
5. Elle est allée en train à Bordeaux.

Answers to exercise 5

1. Emmy travaille cinq jours par semaine.
2. Le restaurant où elle travaille est situé à Biarritz.
3. Durant le week-end, elle va souvent ailleurs pour profiter de son temps libre.
4. Elle déjeune tous les jours au restaurant.
5. Après le travail, elle a du temps pour aller surfer.

Answers to exercise 6

Customer: Hello, I would like a table to eat at.

Emmy: Hello, you can sit here. I will bring you the menu right away.

Customer: Thank you.

Emmy: Here is the menu. Can I get you something to drink already?

Customer: Yes, I would like a bottle of still water and a glass of red wine.

Emmy: Here are your drinks. What would you like to eat?

Customer: I would like to eat the salmon tartar with chips and a small green salad.

Emmy: I have got it. I will bring it right away.

Answers to reading comprehension 5

1. Cela veut dire: s'adresser à une personne avec la forme de politesse « vous ».
2. Non.
3. Elle leur demande d'abord s'ils veulent boire quelque chose.
4. Elle leur demande si tout se passe bien.
5. Travailler, parler, vouvoyer, arriver, proposer, demander, apporter, commander, manger, désirer, retourner.

Answers to exercise 7

1. Que voulez-vous?
2. Est-ce que vous pourriez venir?
3. Vous pouvez vous assoir à cette table.
4. Cela vous coutera 25 euros.
5. Est-ce que vous désirez manger quelque chose?

Answers to exercise 8

Emmy: Hi, Jean, would you like to go to the Aluna Festival in Ruoms in June?

Jean: Hi, Emmy. Yes, I would love to. What day would you like to go?

Emmy: I would love to go on Saturday night. I am going to book my ticket.

Jean: Can you book my ticket for me at the same time?

Emmy: Yes, of course. It costs 60 euros. Can you make a transfer?

Jean: Yes, no problem. I will do it right away.

Emmy: Perfect, thank you.

Answers to reading comprehension 6

1. Se motiver, se décider, se promener, se lever, se doucher, s'offrir, se rendre.
2. Non, elle est partie avec ses amis.
3. Elle a travaillé 2 mois complets.
4. Elle a mangé une glace à la fraise.
5. Ils dorment dans un camping.

Answers to exercise 9

1. Quand elle a du temps libre, Emmy te balade / _se balade_ / nous balade dans la forêt.
2. Emmy et ses amis _se sont rendus_ / s'est rendue / vous êtes rendus à Vallon-Pont-d'Arc.
3. Emmy et ses amis se sont rencontré / _se sont rencontrés_ / se sont rencontrées à Biarritz.
4. Ils _se sont souvent offert_ / s'est souvent offert / nous sommes offert des glaces l'après-midi.
5. Je _me suis promené_ / t'es promené / s'est promené en montagne.

Answers to exercise 10

1. Le train
2. Le vélo / la bicyclette
3. La moto / le scooter
4. L'avion
5. Le bateau

Answers to mid-book quiz

Answers to exercise 1

Verbes	Ta conjugaison
Parier, imparfait, 1ère pers. sing.	Je pariais
Bondir, présent, 2ème pers. sing.	Tu bondis
Terminer, futur, 3ème pers. sing.	Il / elle / on terminera
Savoir, passé composé, 1ère pers. plur.	Nous avons su
Pouvoir, conditionnel présent, 2ème pers. plur.	Vous pourriez
Croire, présent, 3ème pers. plur.	Ils / elles croient
Naviguer, futur antérieur, 1ère pers. sing.	J'aurai navigué
Papoter, plus-que-parfait, 2ème pers. sing.	Tu avais papoté
Finir, imparfait, 3ème pers. sing.	Il / elle / on finissait
Bâtir, futur, 1ère pers. plur.	Nous bâtirons
Boire, passé composé, 2ème pers. plur.	Vous avez bu
Danser, plus-que-parfait, 3ème pers. plur.	Ils / elles avaient dansé

Marcher, passé simple, 1ère pers. sing.	Je marchai
Accomplir, présent, 2ème pers. sing.	Tu accomplis
Pleurer, futur antérieur, 3ème pers. sing.	Il / elle / on aura pleuré

Answers to exercise 2
1. Oui
2. Oui
3. Oui
4. Non
5. Oui

Answers to exercise 3
1. Je me lave tous les matins avant d'aller au travail.
2. Emmy se promène / se balade après le travail.
3. Il se brosse les dents après avoir mangé.
4. Ils s'assoient.
5. Nous nous demandons si tu vas venir ce soir.

Answers to exercise 4

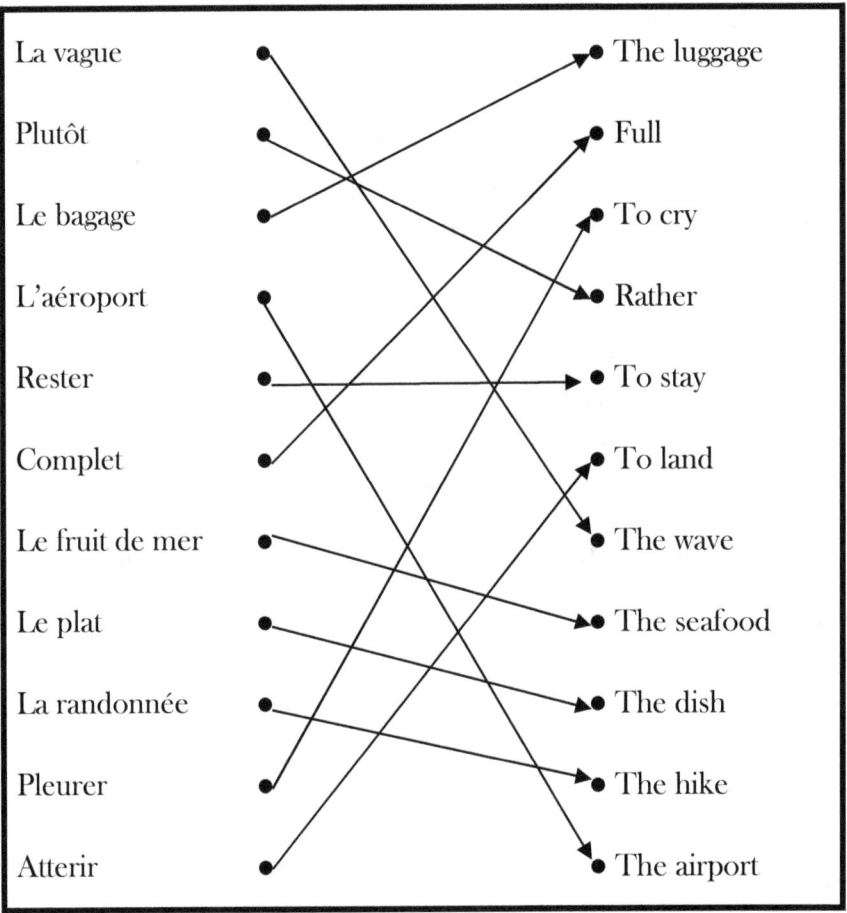

Answers to exercise 5
1. Emmy et ses amis sont allés quelques jours en Ardèche.
2. Ils ont fait de la randonnée et du canoë.
3. Ils étaient dans la région de Vallon-Pont-d'Arc.
4. Ils ont gouté des spécialités comme la crème de marrons.
5. Emmy a beaucoup aimé explorer ce département français.

Answers to reading comprehension 7
1. En montant, en marchant, en rentrant.
2. Avoir, aller, visiter, prendre, manger, se détendre, dévaler, traverser.

3. Elle a réservé 3 nuitées.
4. Elle a fait du yoga.
5. Le Rhône traverse la ville de Lyon.

Answers to exercise 11

1. Emmy pense à sa famille en voyageant.
2. Elle écrit ses aventures dans un carnet en pensant à son petit frère.
3. Jean marche en racontant une histoire à Emmy.
4. Il chante en se douchant.
5. Emmy réfléchit en faisant un gâteau.

Answers to exercise 12

Verbe à l'infinitif	Participe présent
Danser	Dansant
Discuter	Discutant
Croire	Croyant
Partir	Partant
Commander	Commandant
Devoir	Devant
Courir	Courant
Finir	Finissant
Décorer	Décorant

Préparer	Préparant
Prendre	Prenant
Conduire	Conduisant
Apprendre	Apprenant
Regarder	Regardant
Dessiner	Dessinant

Answers to reading comprehension 8
1. Serait, souhaiterait, aimerait.
2. Emmy travaille 6 jours par semaine.
3. Sa tâche principale est de récolter le raisin mûr.
4. Le but de ce travail est de gagner suffisamment d'argent pour continuer à voyager.
5. Elle souhaite continuer à voyager dans le sud, à Toulouse et à Montpellier.

Answers to exercise 13
1. Le repas est préparé par Emmy pour elle et ses collègues.
2. La vaisselle est nettoyée par le collègue d'Emmy.
3. Une grande maison est partagée par Emmy et ses collègues.
4. La lessive est faite une fois par semaine par Emmy.
5. Du très bon vin est produit par l'entreprise.

Answers to exercise 14
Ce texte est juste un exemple de ce que tu pourrais écrire.
This text is just an example of what you could write.
1. Je souhaiterais être en bonne santé toute ma vie.
2. J'aimerais voyager en Asie.

3. Je voudrais une belle voiture de sport.
4. Je souhaiterais passer du temps en famille au moins une fois par semaine.
5. J'aimerais réussir mes examens de fin d'année.

Answers to reading comprehension 9

1. Il s'agit du discours direct.
2. Ils sont heureux, enthousiastes et fiers.
3. La famille d'Emmy va venir 15 jours pendant les vacances de Noël.
4. Ils vont aller skier, faire des raquettes, de la randonnée et de la luge.
5. Elle reste 8 jours en tout. Elle sera 5 jours à Montpellier et 3 jours à Toulouse.

Answers to exercise 15

1. Emmy dit qu'elle se réjouit de retrouver sa famille pendant les vacances de Noël.
2. Emmy affirme qu'elle a beaucoup aimé travailler dans les vignes.
3. Emmy a raconté que son moment préféré en France était quand ils sont allés faire du canoë en Ardèche.
4. Les parents d'Emmy disent qu'ils sont très fiers d'elle.
5. Jean, l'ami d'Emmy, dit qu'il espère la revoir un jour.

Answers to exercise 16

1. Les parents d'Emmy viennent en France du 20 décembre au 3 janvier.
2. Le chalet qu'ils ont loué coûte 1000 euros par semaine.
3. Ils boiront du chocolat chaud tous les jours.
4. Le petit frère d'Emmy prendra des cours de ski.
5. Peut-être que Jean rejoindra Emmy et sa famille à Chamonix.

Answers to reading comprehension 10

1. Ils mangent beaucoup de viande.
2. Elle aurait préféré manger moins de viande.
3. Elle mangeait 2 fois par jour de la viande quand elle travaille au restaurant et dans les vignes.
4. Elle a mangé des repas végétariens dans les grandes villes qu'elle a visité.
5. Avant de venir en France, Emmy pensait que les français étaient tous de fin gourmets.

Answers to reading comprehension 11

1. Non, il est faux.
2. Non, elle n'était pas sereine. Elle appréhendait son début de voyage.
3. Elle est située proche de son école de langue.
4. Selon son expérience, les parisiens sont très accueillant.
5. Elle a reçu de l'aide lorsqu'elle avait des questions pour prendre le métro ou le bus.

Answers to reading comprehension 12

1. Le monument dont elle avait le plus entendu parlé est la Tour Eiffel.
2. Non, elle trouve que ça donne une image réductrice.
3. Réductrice, intéressantes, merveilleuses.
4. Elle va parler de toutes les choses merveilleuses qu'elle a découvert.
5. Oui, bien qu'il y ait des endroits encore plus charmant à Paris et en France.

Answers to exercise 17

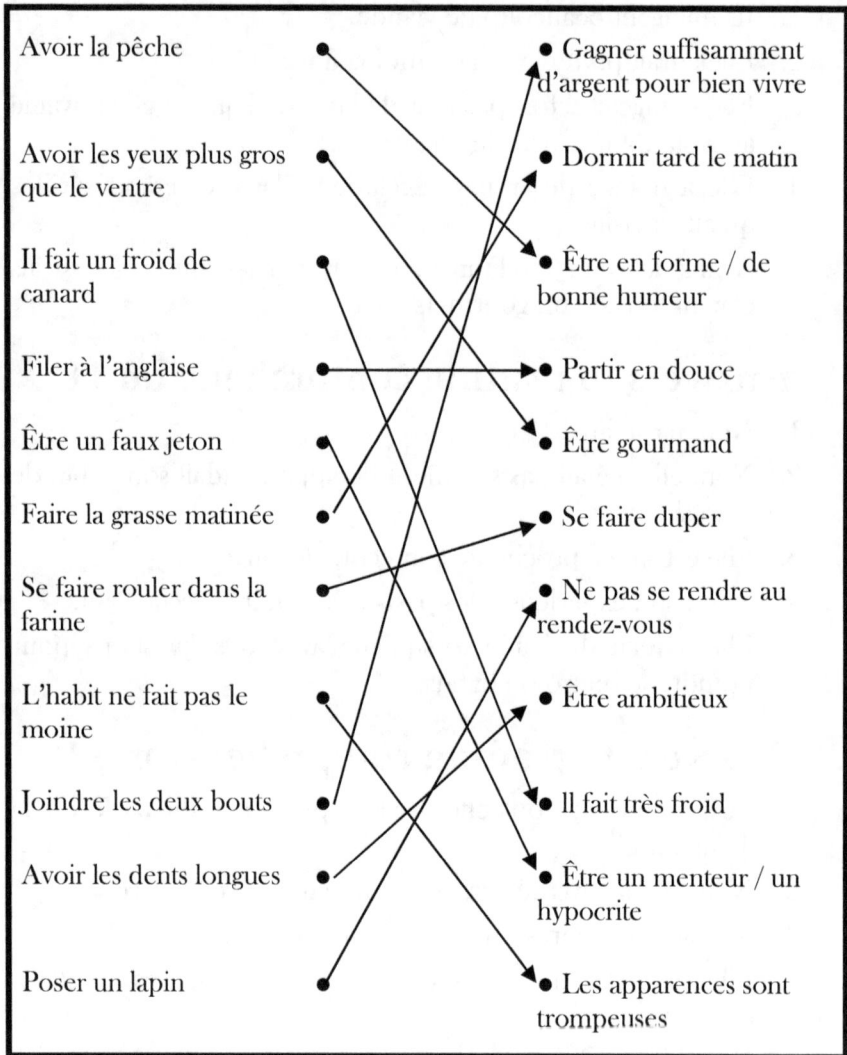

- Avoir la pêche → Être en forme / de bonne humeur
- Avoir les yeux plus gros que le ventre → Être gourmand
- Il fait un froid de canard → Il fait très froid
- Filer à l'anglaise → Partir en douce
- Être un faux jeton → Être un menteur / un hypocrite
- Faire la grasse matinée → Dormir tard le matin
- Se faire rouler dans la farine → Se faire duper
- L'habit ne fait pas le moine → Les apparences sont trompeuses
- Joindre les deux bouts → Gagner suffisamment d'argent pour bien vivre
- Avoir les dents longues → Être ambitieux
- Poser un lapin → Ne pas se rendre au rendez-vous

Answers to exercise 18

1. Emmy mange cinq fruits et légumes par jour pour être en bonne santé.
2. Emmy a parcouru toute la France pendant une année entière.

3. La famille d'Emmy la rejoint pour deux semaines de vacances.
4. Emmy a particulièrement aimé son séjour à Toulouse.
5. Elle a fait la connaissance de belles personnes.
6. Elle a travaillé dans un restaurant au bord de la mer.
7. Jean est tombé amoureux d'elle.
8. Jean a prévu de faire un PVT en Nouvelle-Zélande pour revoir Emmy.
9. Pendant les vacances, la maman d'Emmy a skié sur la montagne.
10. Emmy n'oubliera jamais son expérience en France.

Here's another book by Lingo Publishing that you might like

Free Bonuses from Raoul Dumont

Hi French Learners!

My name is Raoul Dumont, and first off, I want to THANK YOU for reading my book.

Now you have a chance to join my exclusive French language learning email list so you can get the ebooks below for free as well as the potential to get more French books for free! Simply click the link below to join.

P.S. Remember that it's 100% free to join the list.

Access your free bonuses here
https://livetolearn.lpages.co/advanced-french-paperback/

www.ingramcontent.com/pod-product-compliance
Lightning Source LLC
Chambersburg PA
CBHW070329010526
44107CB00004B/474